T0028768

Esto me suena...
EN LA
cocina

CIUDADANO GARCÍA   SERGIO FERNÁNDEZ   AITOR SÁNCHEZ

Esto me suena...
EN LA
cocina

    HarperCollins

Editado por HarperCollins Ibérica, S. A.
Núñez de Balboa, 56
28001 Madrid

Esto me suena… en la cocina. Recetas con historias y consejos saludables de nutrición
© 2021, José Antonio García Múñoz
© 2021, Sergio Fernández Luque
© 2021, Aitor Sánchez García
© 2021, RTVE
© 2021, para esta edición HarperCollins Ibérica, S. A.

Diseño de cubierta: María Pitironte con ilustraciones de Shutterstock
Diseño de interiores: María Pitironte
Recursos gráficos: Shutterstock, Dreamstime y Flaticon.com
Maquetación: Raquel Cañas Hernández
Foto de los autores: Carmelo Ruiz (Rtve)

ISBN: 978-84-9139-619-2
Depósito legal: M-2362-2021

Los oyentes sois parte de este libro. Un día os pedimos ayuda para buscar un buen subtítulo y, como siempre, respondisteis. En solo veinticuatro horas nos llegaron todas estas ideas. El título podría haber sido: *Esto me suena…*

… buen provecho, … consejos para una vida plena, … a cocina buena, … a buen cocinar y buen comer, … y a comer, … al aperitivo, … a mil sabores, … a hogar, … a muy rico y sabroso, … la cocina de la abuela, … a jalar, … con sabor y aroma, … al buen yantar, … con mucho gusto y poco tiempo, … saber y sabor, … a comer y callar, … y me sabe y me huele, … a lo que ustedes quieran, … a fogones, … rico, rico, … bien y me sabe mejor, … a la auténtica cocina de la abuela, … ay, cómo me lo comería yo, … recetas con buena onda, … radio recetario, … a la cocina de la radio en casa, … multirrecetas ciudadano García, … las recetas del programa, … y requetesuena, … cocinar de oídas, … me huele y me sabe en la cocina, … cocina buena y rebuena, … cocina de aquí y de siempre, … en el alma, … pero te va a saber a poco, … recetas antivirus, … a vosotros, … y mejor me sabe, … disfrutar de la sobremesa con platos exitosos, … el mejor libro de cocina, … recetas con humor, … apetitoso, … que alimenta, … a rico, … a gloria, … de rechupete, … requetebién, ... y me huele muy bien, ... de García, Sergio y Aitor, ... y mejor sabrá, ... las comelitonas del Ciudadano García y Sergio Fernández, ... a buen equipo en su salsa, ... a pucheros y a sartenes, a comer con alegría y dejémonos de belenes, ... pero huele que alimenta, ... a recetas contadas de generación a generación, ... cocina de siempre, ... que alimenta, ... la cocina que se escucha, ... a compartir y disfrutar de la buena comida, ... comer y rascar, todo es empezar, ... a cocina de la vida, ... a sabores, ... a puchero y a despensa, ... y me sabe a gloria, ... cocinar para vivir, ... a pucheros y salud, ... hoy cocina García, ... ¿quién es el pinche?, ... qué gusto tendrá, ... en la cazuela, ... a cazuelas, ... al cantar de las cazuelas, ... come bien y te sentirás mejor, ... pero ¿cómo sabe?, ... a España, ... pero qué muy bueno todo, ... ¿te suena?, ... en el alma, ... a cocina y tradiciones, ... esto me lo como yo, chiquitan chiquititan tan tan que tun pan pan que tun pan que tepe tepe...

Muchas gracias, va por ustedes / vosotros.

Índice

Índice

DE SEGUNDO 119

PARA ENDULZAR EL PALADAR 221

ÍNDICE ALFABÉTICO 265

INTRODUCCIÓN

Coincidí con Sergio Fernández en la cocina de *La Mañana de La 1*, de Televisión Española, el año 2010. Compartimos muchos programas, varios cortes en los dedos, alguna quemazón y risas. Había que cocinar en directo, pero «la actualidad manda» y nunca sabíamos si iba a ser durante veinticinco minutos o durante cuarenta y seis. Acabaron siendo divertidos aquellos momentos en los que el realizador nos decía que teníamos que terminar la sección «¡ya, ya, ya!» cuando aún estaban las patatas sin pelar, o ese otro en que nos pedía tranquilidad con el morrillo y con las manos diciendo que había que alargar quince minutos cuando el cocinero ya estaba emplatando. Yo me reía más que Sergio, porque él sabe que hay cosas en la cocina que no se pueden acelerar ni frenar así como así. Entonces mi papel era sacar la batería de interacciones con los espectadores: fotografías, preguntas, dibujos de los niños... y vacilar un poco —los minutos que hicieran falta—. También jugábamos con los compañeros que manejaban las cámaras fijas y las *steadycam*, y creo que la cosa acababa bien un día tras otro.

A Aitor Sánchez le conocí en Radio Nacional en 2014, cuando la figura del dietista nutricionista aún no tenía su merecido hueco en los medios de comunicación nacionales. En eso fuimos un poco pioneros. Era la segunda temporada de *Esto me suena. Las tardes del ciudadano García* y ya estaba colaborando Sergio, el vecino cocinillas. En aquel tiempo, la nutrición se divulgaba a través de artículos concienzudos y «currados» en los blogs —nada que ver con las fotos y el TikTok que llenan de platos y bailes las redes sociales de hoy— pero, en los medios, el tema lo manejaban los médicos. Vimos su blog, www.midietacojea.com, y le invitamos para hablar de la sacarina y el cáncer; tenía unos insultantes veinticuatro años. A partir de ahí empezó su colaboración en el programa. Recuerdo que el primer día nos hicimos eco de aquella polémica de los kebabs, cuando la OCU encontró carne de caballo, pollo y pavo en los de ternera. Nosotros no le veíamos tanto problema. Era un kebab mixto. Desde ese día y hasta el último programa de aquellas tardes pasaron cinco años en los que empecé a comer mal solo por llevarle la contraria. Era divertido hablar de chorizo, morcilla y panceta cuando nos recomendaba merendar bocadillos de pepino.

En 2019 tuve que despedirme de Aitor pero pude mantener el lazo profesional con Sergio en *Esto me suena… a pueblo.* Y en esta extraña temporada 2020-2021 nos hemos vuelto a juntar los tres en *Esto me suena… en la cocina.* No quedaba más remedio, había que escribir un libro.

Y aquí está. Un libro en el que hemos unido la manera de cocinar de Sergio Fernández, con los productos de siempre —esos que todos tenemos en la nevera—, pero con un toque de originalidad, los conocimientos de nutrición de un Aitor Sánchez, que ha ido creciendo aún más con los años, y mis cosas, que son… pues, eso, mis cosas. Yo cuento la historia de los productos, o sus anécdotas, pero también cuento mis recuerdos, los recuerdos de un niño de Lavapiés que veraneaba en Navalcán, el pueblo de sus padres y sus abuelos. Es curioso, pero cuando he echado la vista atrás, siempre me he encontrado con comida. Al final, creo que ha salido un libro de recetas sanas que demuestra que es posible una buena nutrición con los alimentos de toda la vida, con ese toque de modernidad, pero sin demasiadas pijadas. Como digo, las pijadas las he puesto yo. Espero que te guste leerlo como a nosotros nos ha gustado escribirlo ¿Verdad, chicos?

AITOR.—Sí.

SERGIO.—Sí.

Yo.—Así me gusta.

JOSÉ ANTONIO GARCÍA, CIUDADANO GARCÍA
Director de *Esto me suena… en la cocina*

PARA ABRIR BOCA

CASTELLANA CREAM

PERSONAS
4

DIFICULTAD
BAJA

TIEMPO
50 MIN

REPOSADO
10 MIN

INGREDIENTES

100 g de calabaza
40 g de pan
30 g de chorizo blando
1 l de caldo de ave
3 dientes de ajo

2 lonchas jamón curado
Pimentón dulce
Aceite de oliva
Sal

ELABORACIÓN

Sofríe el ajo picado finamente con aceite sin que llegue a quemarse. Cuando empiece a tomar color, añade el chorizo troceado, la calabaza cortada en dados pequeños y mantén unos minutos hasta que empiece a deshacerse.

Incorpora el pan, pimentón y rehoga 1 minuto más. Riega con el caldo de ave y cuece otros 14 minutos. Sazona, tritura y cuela.

Deshidrata el jamón en el microondas durante 5 minutos a potencia media.

Sirve la crema bien caliente y decora con el jamón.

CASTELLANA CREAM. ¡NO FASTIDIES!

No hay cosa más tonta y más buena que una sopa castellana: agua, pan duro, ajo, aceite, laurel, pimentón y un huevito. Y a tirar millas. Viene muy bien para combatir el mal tiempo, para hacer frente al trabajo, para calentar el cuerpo, para superar la resaca y para resucitar a los muertos.

Es una especie de antibiótico sin patente. Se inventó en la zona centro, en Castilla y en León, pero aparece en otras regiones con variantes —yo, sin ir más lejos, le echo jamoncito—. Otra cosa es lo de nuestros vecinos: Alejandro Dumas intentó llevar la receta a la cocina francesa, pero eliminó dos ingredientes tan importantes como: el aceite de oliva y el pimentón. Solo le faltó quitar el ajo.

Vale para desayuno, comida, merienda y cena, y encaja perfectamente en las costumbres culinarias de la cuaresma —entonces va sin jamón. En este caso, el pan con el pimentón hace el recuerdo de la carne—.

Unos dicen que la sopa castellana y la sopa de ajo son lo mismo. Otros dicen que tienen sus diferencias. Pero como señala el refrán, «sopas de ajo y sopas castellanas, primas hermanas». Hay más refranes: «Tan sano es el trabajo, como en la sopa el ajo» y «A ninguno dieron veneno en las sopas de ajo». Y es verdad, porque este último hace referencia a la sencillez de sus ingredientes y a la bondad de todos ellos. Esa sencillez es lo que ha llevado a muchos cocineros a darle una vuelta a la receta y a inventarse nombres tan chorras como castellana cream. *Pa* matarlos.

NOTA. El refrán de las primas hermanas me lo he inventado yo..., pero, si no te lo digo, ni te das cuenta. Y pega.

¡VAYA COLOR BONITO EL DE LA VITAMINA A!

La calabaza es una fantástica hortaliza para hacer cremas y purés ligeramente diferentes a lo que estamos acostumbrados.

Cuando le queremos dar cuerpo a estas preparaciones, acabamos recurriendo a la patata, lo cual está fantástico, pero la calabaza, en lugar de ser un tubérculo, es una hortaliza. Y esto nos permite un resultado final con distintas ventajas nutricionales.

La primera de ellas es que obtendremos un producto menos energético, lo que es bastante interesante si esa crema la estamos acompañando de embutido como es esta propuesta de Sergio, o, por ejemplo, si la acompañáramos con pipas y frutos secos. Sería una alternativa más ligera en cuanto a kilocalorías.

Por otro lado, obtendríamos un aporte extra de fibra, esto es interesante si esa crema no va acompañada de otras verduras, como el típico puré de patatas de toda la vida o esta misma receta.

Por último, tenemos ese interés extra que nos dan muchos otros alimentos naranjas, la calabaza es fuente de vitamina A gracias a esos carotenos presentes en muchos otros productos otoñales.

Ya tienes un recurso más para sustituir la calabaza por patata en algunas de tus recetas.

ALCACHOFAS ASADAS A LA NARANJA

PERSONAS
4

DIFICULTAD
BAJA

TIEMPO
45 MIN

REPOSADO
NO

SERVIR DIRECTAMENTE

INGREDIENTES

12 alcachofas
50 g de foie
1 cucharada miel
1 naranja

Mostaza
Aceite de oliva
Sal en escamas

ELABORACIÓN

Lava las alcachofas y, tal cual y sin pelar, ponlas en una bandeja. Riégalas con aceite y ásalas en un horno precalentado a 170 °C, con calor arriba y abajo, durante 35-40 minutos, dependiendo del tamaño de las mismas.

Aparte, mezcla en un bol aceite, el zumo de la naranja, su ralladura, mostaza y algo de sal hasta que emulsione.

Una vez asadas las alcachofas, pélalas con las manos, retirando todas las hojas externas hasta llegar al tierno corazón. Sirve calientes, salsea con la emulsión de naranja, ralla foie por encima y termina con unas escamas de sal.

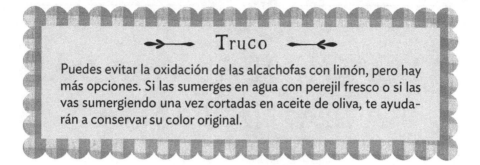

ALCACHOFAS, HOJAS Y HOJAS

Las madres y las abuelas salen siempre bien paradas en los libros de cocina. Lo hacen todo de maravilla: las croquetas de la abuela, el arroz de la madre, los pimientos asados de la abuela, el cocido de la madre... Todo menos las alcachofas: ni la madre ni la abuela.

—¿Qué hay de comer?

—Alcachofas.

—Noooo, qué asco.

—Ni asco ni asca.

Con cambiar el género a cualquier palabra que dijeras, lo resolvían todo.

Yo recuerdo aquel plato que nos ponían, con un caldo de color... ¡es que no sé qué color tenía aquello! Era como esa agua cuando lavas una cacerola a la que se le ha pegado la comida. Y luego aquellas alcachofas partidas por la mitad y un número indeterminado de hojas sueltas —estas sí, de color caqui militar después de pasar por la pista americana—. Y a chupar.

Chupabas y chupabas, con los dientes ibas rallando la poca carne que tenían y aquello nunca se acababa. La boca iba cogiendo un sabor raro, que igual era el umami ese del que hablan. Era un sabor amargo, pero que si dabas un sorbo de agua se hacía medio dulce y, además, se te pegaba en el paladar. Era áspero, amargo y dulce: dulzamargóspero.

Dicen que solo se utiliza el 20 % de una alcachofa. Ellas no tiraban ni eso, porque metían hasta los troncos. Nos parecía la peor de las verduras, peor que la coliflor, peor que la acelga, peor aún que la espinaca o el repollo. Nos parecía una verdura inhumana. Hasta que no nos hicimos mayores y fuimos a restaurantes no supimos que las alcachofas tenían corazón. Ahora soy muy fan.

NOTA. Alcachofa viene del árabe —*al-kharshûf*— y su nombre científico es *Cynara scolymus*. Zeus era muy Dios y muy enamoradizo, y un día se tropezó con Cynara, que era muy buena moza. Quedó prendado de ella y la llevó al Monte Olimpo para convertirla en diosa. La verdad es que aquello estaba bien, pero Cynara echaba de menos a su familia y regresó a su isla. A Zeus le sentó fatal y le dijo:

—Vale, pero te convierto en alcachofa y a partir de ahora nadie se quedará prendado de ti. En todo caso, prendido.

¡A QUÉ SABE ESTO!

Hay algunas reacciones muy curiosas que podemos notar después de consumir ciertos alimentos. Todos sabemos que la orina huele mucho más fuerte tras tomar espárragos, pero no todo el mundo ha percibido el fenómeno tan original que sucede después de comer alcachofas y beber a continuación agua. ¿Te habías dado cuenta? Si no es así, prueba la receta de Sergio y bebe un buen vaso después del primer bocado. Apreciarás un sabor dulce supernotorio.

El fenómeno ya se empezó a estudiar en los años setenta, y se le atribuyó a dos compuestos que encontramos en las alcachofas: el ácido clorogénico y la cinarina. Estas sustancias, cuando están en la boca junto con la saliva, lo que hacen es bloquear nuestros receptores del dulce en las papilas gustativas. Podemos decir que mientras estamos tomando alcachofas la percepción de este sabor está disminuida. Lo que sucede, por tanto, al tomar un vaso de agua, es que al igual que si fuese una ola llegando a una playa, arrastra todas esas sales y vuelve a activar los receptores del dulce. Este estímulo que genera una acción de «destapar», el cuerpo lo interpreta como un sabor dulce, ya que los receptores vuelven a estar en pleno funcionamiento.

La distorsión de los sabores también afecta al maridaje. Podrás comprobar cómo el sabor del vino, de la cerveza o las infusiones se altera después de tomar alcachofas.

Además de prestarse a experimentos caseros con nuestros sentidos, la alcachofa, como la mayoría de verduras, es rica en fibra, vitaminas y minerales, especialmente de vitamina C y de potasio. No solo tiene estos nutrientes típicos, hay que destacar la función de algunos compuestos bioactivos con nombre propio, como es el caso de la cinarina. Esta sustancia tiene un efecto antioxidante y antiinflamatorio muy interesante para la prevención de diferentes enfermedades no transmisibles.

UNA DE BRAVAS SIN TOMATE

PERSONAS
4

DIFICULTAD
BAJA

TIEMPO
35 MIN

REPOSADO
NO

SERVIR DIRECTAMENTE

INGREDIENTES

4 patatas
5 g de harina
50 ml de vino blanco
500 ml de agua
2 dientes de ajo
1 cebolla
½ hoja de laurel

½ guindilla
Pimentón picante
Pimentón dulce
Cominos
Aceite de oliva virgen extra
Sal

ELABORACIÓN

Pela las patatas y córtalas en dados medianos de igual tamaño. Póchalas en aceite de oliva a 130 °C.

Aparte, sofríe los ajos picados junto con la guindilla y el laurel. Añade la cebolla troceada y continúa rehogando hasta que esté tierna, pero sin que llegue a coger color. Espolvorea los pimentones y mantén unos segundos al fuego. Incorpora la harina, riega con el vino blanco y deja que se evapore el alcohol. Agrega el agua y reduce la salsa. Tritura y sazona.

Una vez pochadas las patatas, fríelas en aceite caliente hasta que estén doradas.

Cuela la salsa y acompaña con ella las patatas.

→ — **Truco** — ←

Consigue unas crujientes patatas sin necesidad de freírlas. Después de pelarlas, saca bolitas con una cucharilla vaciadora. Saltéalas en una sartén con unas gotas de aceite, y, cuando tomen color, hornéalas a 190 °C durante 12 minutos. Acompáñalas con tu salsa preferida y ¡¡buen provecho!!

UNA DE BRAVAS

De entrada, no voy a contar el chiste ese de por qué los leperos siembran patatas en la plaza de toros. Las patatas bravas ya van con su propia polémica. Mira que es simple un plato de patatas con una salsita por encima, pero no hay acuerdo en casi nada. Solo en el corte, que se hace en dados.

La patata se puede hacer frita, cocida en agua, cocida en agua con aceite y hasta en el horno. Y luego está el lío de la salsa, que tiene dos corrientes claras —los con tomate y los sin tomate— y otras muchas derivadas, entre las que está el nivel del más-menos-nada picante.

Hasta su origen es cuestionado. Las bravas nacieron en Madrid, sí, pero están los pelliquistas —Casa Pellico— y los casonistas —La Casona—. A principios de los sesenta estos dos establecimientos castizos se disputaban el honor del invento y las colas eran míticas en ambas puertas. Hoy ya están cerrados, pero las bravas se pueden pedir, como tapa o ración, en cualquier bar de la capital, aunque no encontrarás dos recetas iguales. Eso sí, hay un bar con la salsa patentada: se fundó en 1933 y se llama Las Bravas. Me río yo de la fórmula secreta de la Coca-Cola.

En este momento pido a la gente sensible que se ahorre estas dos líneas: algunos le echan mayonesa, alioli, mostaza o kétchup —lo siento, es que es verdad y tenía que decirlo—. Por cierto, te sabes el chiste de Lepe, ¿no?

En realidad, es divertido que un plato tan popular y barato genere tanta controversia. Es mejor que hablar de política. Las bravas se hacen en todos los rincones del país y cada uno le da su toque. Tampoco es plan de fusilar a nadie por cocinar diferente. Al fin y al cabo, somos libres y, por encima de todo, qué gusto da oír:

—Una de bravas.

—¡Marchando!

No me digas que no te sabes el chiste.

➡ — Sabías que... — ⬅

En el año 2008 la ONU hizo un estudio sobre la patata en el mundo y concedió el reconocimiento de plato típico español a las patatas bravas.

¿ENGORDAN LAS PATATAS?

A toda la época de miedo por la grasa le ha precedido una nueva era en la que el nutriente perseguido por muchas dietas y patrones de alimentación son los hidratos de carbono. Por supuesto, no todos los hidratos son perjudiciales ni tienen el mismo efecto en el cuerpo. Nada tienen que ver unos churros o un refresco de cola con el impacto que tiene una patata, la fruta o unos garbanzos.

Con este contexto podemos afirmar, sin duda, que la patata ha recibido muchas críticas, sobre todo por las personas que la evalúan desde una perspectiva simplista en la que se concluye: «Es que tiene muchos hidratos, tiene mucho almidón». Este problema viene derivado de intentar evaluar los alimentos de manera aislada, solo por sus nutrientes, sin tener en cuenta qué efectos generan en el organismo.

Casualmente, la patata cocida o la patata al horno es a su vez uno de los alimentos más saciantes que existen —a eso me refiero con el efecto que tienen en el organismo—. Comparte esta misma particularidad, por ejemplo, con algunas frutas como la naranja. ¡Es imposible tomarse dos naranjas o dos patatas sin sentirse prácticamente lleno! Es decir, que por mucho que haya sido perseguida, si atendemos a su capacidad saciante y a que nos aporta hidratos de carbono de absorción media, podemos tomarla de manera regular si se hace en cantidades y formas adecuadas —con cantidades me refiero a que sigue siendo un alimento energético, y, por tanto, que no tiene mucho sentido consumirlo con frecuencia si somos personas sedentarias—. Con formas de preparación hablamos de técnicas culinarias saludables: el horno, el microondas, al vapor, en guiso... Como comprenderás, unas fritas no son tan saludables como unas cocidas o al horno, primero porque incorporan gran cantidad de aceite —haciendo la patata de esponja— y segundo porque se someterá a este a altas temperaturas.

Si puedes elegir, escoge esta alternativa de Sergio y te quedarás con lo mejor de cada preparación: el sabor que otorga el horno y la incorporación del aceite de oliva virgen extra.

PATATAS AL TOQUE RIOJANO CON CHORIZO

PERSONAS
4

DIFICULTAD
BAJA

TIEMPO
50 MIN

REPOSADO
5 MIN

INGREDIENTES

4 patatas
3 dientes de ajo
2 chorizos
2 pimientos choriceros
1 pimiento rojo
1 cebolla

½ guindilla (opcional)
Pimentón dulce
1 hoja de laurel
Aceite de oliva
Sal

ELABORACIÓN

Sofríe en aceite los ajos laminados, la cebolla picada finamente y el pimiento cortado en dados pequeños. Mantén a fuego medio hasta que estén tiernos.

Añade luego los chorizos en rodajas finas, el laurel y la carne del pimiento choricero, previamente hidratado.

Pela las patatas y córtalas en cachelos de igual tamaño. Incorpóralas al sofrito, remueve, echa el pimentón y la guindilla, y continúa cocinando unos segundos más.

Cubre con caldo o agua, sazona y cuece a fuego medio hasta que las patatas estén tiernas. Sirve caliente.

Truco

No tires la piel de la patata. Para que la puedas aprovechar, lávala bien antes de pelarla. Luego, córtala en tiras muy finas, enharina y fríe en aceite caliente hasta que esté dorada. Emplea esta fritura como decoración de guisos y cremas.

PATATAS A LA RIOJANA

«A la riojana» hay muchas cosas en cocina: bacalao, fritada, pochas, menestra, rancho, compota... Pero por encima de todo están las patatas y, como su nombre indica, es un plato hecho en la Rioja que lleva patatas. Creo que esto ya está claro.

La receta nació como suelen nacer las cosas: con naturalidad. Nos situamos hace muchos años, en el siglo XIX, en la población de Aldeanueva de Ebro. Aquí se utilizaban las patatas para alimentar a los jornaleros y, si acaso, les echaban un poco de laurel, un pimiento y algo de cebolla, hasta que uno de ellos, harto de patatas con patatas, soltó un taco un poco burrote, echó mano del chorizo riojano de orza que había por allí y le salió una mezcla que ríete tú del bogavante.

Y me dirás, ¡pues vaya tontería de invento, eso lo hace cualquiera! Sí, claro, pero lo hizo uno de la Rioja. Y ni lo patentó ni nada. Lo dejó ahí para que gente como Sergio Fernández se luciera.

Cómo será la cosa que, un día, el afamado Paul Bocuse, considerado el mejor chef del siglo XX, fue contratado para elaborar el menú del centenario de una famosa bodega y, antes de meterse en el fragor del ágape, le pusieron un platito de patatas a la riojana hechas al sarmiento en la humilde lumbre. Dicen que se comió tres platos. Fíjate, el Paul Bocuse...

También hay quien dice que cómo se puede saber que el primero que juntó las patatas con el chorizo fue uno de la Rioja. Y es verdad, es cierto. Quién sabe si eso no lo hizo antes un paisano de Extremadura o un manchego. Sé que con esto me estoy metiendo en un lío y que se me pueden echar encima varios autobuses de riojanos. Pero lo acepto, asumiré la duda ante ellos, en persona, y podremos discutir durante horas... pero que traigan vino.

➤ ─ Sabías que... ─ ◄

Ya aquel paisano de Aldeanueva de Ebro cascó las patatas. En realidad, por ser riojano, las triscó.

¡QUÉ BIEN LE SIENTA EL FRÍO AL ALMIDÓN!

La patata es un tubérculo rico en almidón. Cuando la cocinamos, ese almidón se vuelve mucho más fácil de digerir. Hace unos años se descubrió que cuando sometemos a este a un proceso de refrigeración, una parte de él se transforma en almidón resistente.

El almidón resistente es un tipo de fibra que llega al final del intestino y sirve de alimento a las bacterias beneficiosas que conviven en nuestro cuerpo. Así que un acto tan sencillo como guardar patatas cocidas, arroz o unos boniatos en el frigorífico, te va a permitir «crear» fibra sin ningún esfuerzo. Esto puede ser especialmente interesante en personas que quieran controlar la glucemia o tener un extra para la salud digestiva. De todos modos, no olvides poner en orden las prioridades. Está muy bien enfriar la patata, pero lo más importante es que la acompañes con una generosa ración de verduras.

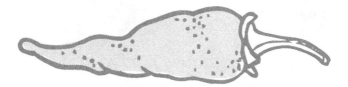

REVOLCONAS CON TORREZNOS

PERSONAS
4

DIFICULTAD
BAJA

TIEMPO
55 MIN

REPOSADO
NO

SERVIR DIRECTAMENTE

INGREDIENTES

4 patatas	½ cebolla
150 g de panceta para torreznos	Pimentón picante
2 hojas de laurel	Pimentón dulce
2 clavos de olor	Aceite de oliva virgen
2 dientes de ajo	Sal y granos de pimienta negra

ELABORACIÓN

Pon una olla al fuego con agua, sal, las hojas de laurel, los ajos, la cebolla troceada, los clavos y 4 granos de pimienta. Cuando rompa a hervir, añade las patatas peladas y cortadas en cachelos de igual tamaño, y cuécelas hasta que estén completamente tiernas.

Mientras, corta la panceta en dados iguales y fríelos con un poco de aceite. Debes partir de aceite a temperatura suave y luego subirlo a fuego fuerte, de manera que los torreznos se hagan por dentro y queden crujientes por fuera. Retíralos y reserva la grasa.

Sofríe los pimentones jugando con el toque de picante para que no sea excesivo. Agrega las patatas escurridas y, con la ayuda de un tenedor o de una espátula, vete aplastándolas y mezclando con el pimentón. Añade de vez en cuando agua de la cocción de las patatas hasta obtener la densidad deseada. Deben quedar más bien espesas.

Comprueba el punto de sal, reparte los torreznos por encima y a disfrutar.

→ **Truco** ←

Si te sobra algo de puré, conviértelo en papel de patata. Para ello engrasa ligeramente dos pliegos de papel sulfurizado y dispón una mínima cantidad de puré entre ambos. Extiéndelo con un rodillo hasta conseguir una finísima capa y deshidrátalo en el horno a 110 °C durante 20 minutos. Te quedará un crujiente ideal para decorar tus elaboraciones.

TORREZNOS EN LAS ZARZAS

La gracia de las revolconas son los torreznillos que se ponen encima para ir alegrando cada cucharada. Y la gracia de los torreznos es que curan las verrugas y los clavos —hay que decir que lo que cura es la corteza—. Mi abuela tenía el don de quitar ambos. Te daba un torrezno y tenías que comerte todo menos la corteza. Y vete tú a saber lo que hacía luego con ella, pero desaparecían las verrugas. Se lo pregunté muchas veces y, a lo largo de los años, intuí que las enterraba en una zarza por la que tú tenías que pasar... o no tenías que pasar —eso no lo sé—. Pero me debían de faltar más datos, me faltaba saber otras cosas, porque cuando le decía que sabía lo de la zarza, ella se reía. Quizás lo importante era el conjuro que recitaba, o la saliva que tenía que aportar, o un pelo mío arrancado al anochecer. Vaya, que no lo sé.

—Niño, esas cosas no se cuentan, porque se escapa el don.

Decía eso y me miraba con cara de «para qué lo quieres saber tú si en Madrid no hay zarzas en las calles». No me pasó «la receta» y, por lo que sé, tampoco se lo contó a ningún otro nieto. Pero yo lo he intentado más de una vez.

Cuando acabé tercero de Periodismo fui a hacer unas prácticas en un periódico de Orense, *El Faro*, y mi directora tenía las manos llenas de pequeños clavos. Le conté la historia de la abuela y se los toqué diciendo que, a lo mejor, yo tenía el don de manera natural. El caso es que a los dos o tres días le habían desaparecido. Y sin torreznos, ni zarzas, ni conjuros —*conxuros* allí—.

Luego lo he vuelto a intentar más veces, echando más teatro, alargando la historia de mi abuela, inventándome palabras... y no ha funcionado.

➜ **Una curiosidad familiar más** ➜

Cuando una mujer estaba encinta y oía llorar a su bebé en el vientre era señal de que el niño tendría un don. Si la madre no se lo decía a nadie, ni a su marido, el nacido podría compartir su don con los demás y curar; sin embargo, si lo anunciaba, el crío lo disfrutaría para sí, sería inmune a una enfermedad, pero no podría utilizarlo con otros.

Mi abuela oyó llorar a mi tía Ufe —Eufemia— y no se pudo aguantar las ganas de contarlo. Un día mi tía estaba jugando en la calle con sus amigas, vino un perro rabioso y las atacó; a todas menos a ella. El perro se puso a sus pies y no le hizo nada. Era inmune a la rabia.

¡PRUÉBALO CON PIMENTÓN Y LUEGO ME CUENTAS!

Las especias son ingredientes fundamentales que nos acercan a la cocina saludable. ¿En qué me baso para hacer esta afirmación? En dos aspectos diferentes.

Primero, las especias son saludables en sí mismas. Salvo en contadas excepciones, como puede ser el caso de la sal, en el que el mensaje generalizado es el de tener precaución con su ingesta, el resto se asocia con muy buenos resultados dietéticos. Hemos tenido una transición de su uso, en el que desde los inicios se utilizaban como un mero elemento de conservación para alargar la vida útil de los productos, gracias a sus actividades bactericidas, hasta la gran función que cumplen hoy en día, mejorando nuestra salud, especialmente, con sus propiedades antioxidantes y antiinflamatorias.

Segundo, también son saludables por lo que representan e implican, puesto que son la mejor invitación a la cocina. Una casa con un número de especias mayor será, probablemente, una en la que se cocine con frecuencia, y no hay mejor garantía de una buena dieta que el hecho de hacerlo uno mismo.

Cuando una persona usa especias, por lo general, lo está haciendo en el proceso de una receta, en la que se emplean materias primas de calidad y, por tanto, saludables.

El pimentón es un gran ejemplo de cómo una única especia puede transformar un plato vulgar en una absoluta delicia: unas patatas, un guiso o una verdura salteada con ese toque de pimentón al final no tiene precio. Y también representa la potencia de sabor que esconden los productos vegetales, en este caso, un fruto, una hortaliza como el pimiento, deshidratada y molida para concentrar todo su sabor.

El pimentón es una herramienta genial para ayudarte a comer más sano y hacer más atractivos platos que de otra manera parecerían sosos o simplones.

CRUJIENTE DE BERENJENA CON ACEITE DE ALBAHACA

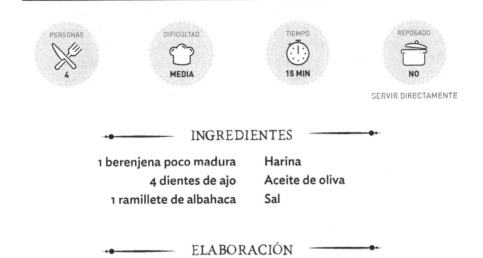

PERSONAS
4

DIFICULTAD
MEDIA

TIEMPO
15 MIN

REPOSADO
NO

SERVIR DIRECTAMENTE

INGREDIENTES

1 berenjena poco madura
4 dientes de ajo
1 ramillete de albahaca

Harina
Aceite de oliva
Sal

ELABORACIÓN

Lava la berenjena y córtala en dos mitades a lo largo. A su vez y sin pelar, corta láminas muy finas y colócalas entre dos trozos de papel de cocina, aplastando ligeramente para retirar parte de la humedad.

Prepara un cacito con aceite caliente, pasa las láminas por harina y, luego, con agilidad, por agua fría. Sacude y fríe en el aceite caliente (salpicarán un poco, pero te dará una capa muy crujiente por fuera y no absorberá nada de aceite). Una vez doradas, sácalas y resérvalas sobre papel de cocina.

Aparte, lamina muy fino los ajos pelados y fríelos en otro cacito partiendo de aceite tibio y subiendo progresivamente la temperatura hasta que estén también crujientes. Sácalos y resérvalos sobre papel de cocina. Después, muélelos en el mortero y mezcla con una pizca de sal. Acabas de hacer sal de ajo.

Sirve las berenjenas, sazona con sal de ajo y un chorrito del aromático aceite de albahaca.

> ### → — Truco — ←
>
> La berenjena es una hortaliza que se oxida muy rápido durante su manipulación, por eso es aconsejable que según se vaya troceando la metas en un bol con agua fría y algo de sal. Mantenla unos segundos sumergida y observa cómo se queda más blanca mientras que el agua toma un color marrón. De esta manera no solo evitarás la oxidación, también suavizarás su sabor.

UN CRUJIENTE DE BERENJENA CON ACEITE DE ALBAHACA PARA LA MADRINA

Vivíamos en un tercer piso y la ventana daba a la de nuestras vecinas Amalia —tía— y Conchita —sobrina—. Eran peluqueras. Yo me asomaba a la mía y ellas dejaban abiertos los visillos para que pudiera ver la televisión, como hacen en la película *La gran familia*.

Un día murió Conchita. Le dio un infarto y la encontraron en el suelo mi madre y la portera del edificio. Otro día, Amalia fue madrina de mi hermano Javi.

La madrina comía todos los domingos con nosotros. Iba a misa y llegaba a casa a la hora de la cerveza, con dos bolsas grandes de patatas fritas y cortezas. Yo creo que eran los tiempos de *La casa de la pradera* y de *Heidi* —ya teníamos tele—.

Amalia se jubiló y siguió viniendo a casa los domingos y fiestas de guardar. Entre semana, mi madre también le hacía la comida. Ponía su ración en un túper, lo metía en una bolsa y se lo pasaba por la cuerda de tender la ropa. Croquetas, patatas con carne, judías verdes, cinta de lomo con pimientos, crujiente de berenjena con aceite de albahaca... Eran vecindarios de otros tiempos, cosas de otros tiempos, formas y costumbres de otros tiempos. Luego, el túper hacía el camino de vuelta vacío. Todos los días.

Hasta que murió.

BARBARIDADES EN AYUNAS

El ajo es uno de los productos más característicos de nuestra gastronomía y podemos decir sin lugar a dudas que no solo aporta sabor a las comidas, también nos ayuda nutricionalmente. Las mismas sustancias que le dan ese sabor tan fuerte son las responsables de sus efectos antioxidantes y antiinflamatorios, de esos de los que tanto se habla y por los que son buenos para «el corazón».

No por ello es imprescindible tomar el ajo crudo para obtener sus beneficios como mucha gente cree. ¡Anda que no se ha escuchado veces lo de tomarse un ajo crudo por las mañanas! Acción que en ocasiones deriva en terribles consecuencias intestinales.

Aunque al cocinarlo algunos de sus compuestos beneficiosos se destruyen, sigue siendo interesante tomarlo así.

Si quieres evitar esa desagradable sensación que deja en el aliento, utiliza algunos recursos después de las comidas: mastica fruta, toma infusiones o té, o recurre a ciertos trucos como los aceites con ajo, productos a los que se les incorporan sus aromas sin que sea tan indigesto el resultado final. Prueba en casa a aromatizar un aceite con ajo y cambiará el resultado de muchos platos.

Cabe decir que alrededor del ajo también han surgido algunas falsas creencias y fraudes que tienen que ver con su «color». El morado es un tipo de ajo especial, muy diferenciador y apreciado, mucho más aromático y que concentra mayor cantidad de sustancias antioxidantes como la alicina. No todos los que parecen morados lo son, y hemos tenido mucha pillería con el uso en grandes superficies de mallas de color morado que no correspondían a los auténticos.

También se está popularizando el negro, que es una preparación a partir del ajo que se da cuando este sufre un pardeamiento de color muy intenso, volviéndose casi negro. Esto ocurre a unas condiciones de temperatura y humedad muy altas que lo favorecen, y da como resultado un producto muy característico que queda fantástico en salsas o en mayonesas.

AJOBLANCO DE CÍTRICOS

PERSONAS
4

DIFICULTAD
BAJA

TIEMPO
20 MIN

REPOSADO
SÍ

HASTA QUE SE ENFRÍE

INGREDIENTES

100 g de almendras crudas
75 g de miga de pan
½ aguacate
¼ diente de ajo
Ralladura de naranja

Ralladura de lima
Uvas tintas y blancas sin pepitas
Vinagre
70 ml de aceite de oliva
Sal

ELABORACIÓN

Añade en la jarra de la batidora la miga de pan, las almendras, el ajo, las ralladuras de los cítricos y agua hasta que quede todo cubierto. Luego tritura bien hasta obtener una mezcla espesa.

Agrega el aguacate pelado y troceado, y sigue triturando. Vuelve a añadir agua hasta que consigas la densidad deseada, y aliña con sal y vinagre. Por último, incorpora el aceite poco a poco sin dejar de triturar hasta que todos los ingredientes queden homogéneos.

Deja enfriar y comprueba el punto de sabor. Decora con uvas cortadas en cuartos y sirve.

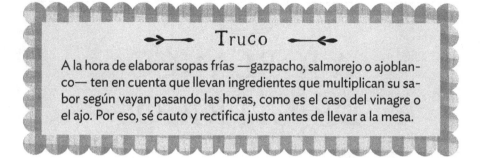

ESPAÑA HUELE A AJO

Ajo, *ALLIUM SATIVUM,* especie clasificada dentro de la familia de las liliáceas y que, en la actualidad, se ubica en la de las
amarilidáceas. ¿Por qué esa discusión entre las liliáceas y
las amarilidáceas? Vete tú a saber, tienen todas un carácter...

Se dicen muchas cosas del ajo: que es un espanta-enfer-
medades con propiedades nutritivas y beneficios para la salud, que es capaz de espantar a los vampiros, que da suerte
al Dépor en Riazor cuando se colocan unas cabezas tras las
porterías...

Esas cosas se creen o no se creen, pero de lo que sí estamos seguros es de que el ajo no le gustaba nada a una famosa
cantante. Una que estaba en un grupo con otras cuatro chicas,
cada una vestida con un color, y que se casó con un futbolista
que, no sé por qué, siempre me imagino en calzoncillos... Esa.
Bueno, pues dijo «España huele a ajo». Y nosotros dijimos «a
mucha honra. Aquí que no venga nadie a tocarnos el ajo».

El ajo es un orgullo nacional y una necesidad. Si te pones
delante de una sartén y no tienes un ajo a mano, no sabes qué
hacer, porque casi siempre empezamos por el ajo: es fundamental como condimento en nuestra cocina; siempre es el primero del sofrito. Sin ajo no somos nada. Igual va a tener razón
la muchacha.

Porque, ojo, el ajo no es un mero acompañante. Cuando se pone, se pone, y te puede salir un ajo pringue, un atascaburras, un alioli, un ajoarriero o un ajoblanco. Y no hay gazpacho sin su toque de ajo, ni sopa más tradicional que la de ajo ni mejor compañero para el pollo y el conejo «al ajillo». Y ese pan, frotado con un ajito cortado y su aceite...

Hay ajo andaluz, ajo castellano, ajo sanjuanero, ajo blanco, ajo morado, ajo silvestre y a mí siempre me ha hecho gracia el ajo porro (será por lo del porro). Y de los muchos refranes («ajo de enero, para mayo en el puchero», «ajo cocido, ajo perdido», «ajo que salta del mortero, ya no lo quiero») me quedo con los más populares: «ajo y agua» y «quien se pica, ajos come».

Hablando de comer ajos y de picar, no recomiendo hacerlo por la mañana en ayunas ni frotarnos con ajo para repeler a los mosquitos porque, como diría la famosa cantante, hueles fatal, hueles a ajo. Al final, puede que tenga razón la chica, en España somos muy de ajo.

¿PIEZAS O RACIONES DE UVAS?

Siempre acabamos el año tomándonos doce uvas, lo que ciertamente son doce piezas, eso es indiscutible, pero aquí tenemos un buen ejemplo en el que una pieza no siempre conforma una ración.

Todo el mundo ha escuchado alguna vez lo de las cinco frutas y verduras al día, pero ¿cinco qué? ¿Piezas? ¿Ingestas? ¿Raciones?

Es curioso cómo uno de los mantras más repetidos de la dietética trasladada a la salud ni siquiera se ha podido transmitir correctamente, y todavía hoy hay muchas dudas al respecto. Para salir de la incertidumbre aclaramos que la respuesta correcta es hablar de ración.

¿Y qué es una ración? Una ración de fruta tiene un peso variable, es algo de sentido común, con una horquilla entre los ciento cincuenta y doscientos gramos. Por lo que las frutas de tamaño mediano son en sí mismas una ración: una naranja, una manzana, una pera grande... Las frutas como la sandía, el melón o la piña hay que partirlas. Imagínate tomando dos piezas de melón. Sería inviable. En estas frutas la ración la conforman una tajada o una raja. Y en el caso de las pequeñas —como las fresas, los arándanos o las uvas— una ración estaría constituida por una taza grande.

De estas cinco raciones de frutas y de verduras se suele recomendar que tres sean de fruta, más que nada porque también es lo sencillo. La verdura la solemos tomar en las ingestas principales —comida y cena— y la fruta de postre, para desayunar o entre horas.

La fruta es recomendable tomarla fresca y tiene especial importancia en los meses de frío, cuando solemos ingerir casi la totalidad de la verdura cocinada. Así, muchas de sus vitaminas nos garantizan un buen aporte de ellas que se destruyen por el calor.

Así que la próxima vez que estés tomando las doce uvas, celebra la importante contribución que hacen a tu salud, aunque, eso sí, no lances las campanadas al vuelo, porque ya sabes que no cuentan como una ración. Sin embargo, no hay forma más saludable de terminar el año.

CROQUETAS DE BACALAO Y PASAS

PERSONAS
4

DIFICULTAD
MEDIA

TIEMPO
45 MIN
+ ENFRIADO

REPOSADO
NO
SERVIR DIRECTAMENTE

INGREDIENTES

75 g de bacalao desalado
30 g de puerro
30 g de uvas pasas
520 ml de leche
1 diente de ajo

1 huevo
Harina
Pan rallado
Aceite de oliva
Sal y pimienta

ELABORACIÓN

Templa 60 ml de aceite de oliva y sofríe en él el ajo picado fino. Añade el puerro también picado, el bacalao desalado y las pasas troceadas. Mantén unos minutos a fuego medio.

Espolvorea 45 g de harina y remueve con suavidad. Vierte la leche y cuece sin dejar de remover hasta que quede una mezcla espesa y la masa se despegue fácilmente de los bordes y de la base del recipiente.

Vuelca la besamel en un molde engrasado y déjala enfriar. Una vez fría, forma croquetas de igual tamaño y pásalas por harina, huevo y pan rallado. Fríe en aceite bien caliente en tandas.

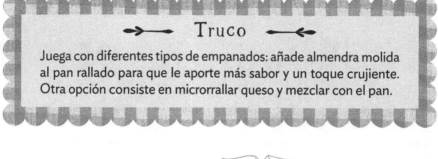

CROQUETAS DE MAMÁ

Las mejores croquetas son... No hay muchas opciones: madre y abuela. Algunos mencionan a la suegra, pero no se lo tengas en cuenta. Las mejores son las que hemos comido desde niños. Son el sabor de nuestra infancia, nuestro *ratatouille* sin película Disney.

No sé si te vas a llevar un disgusto, pero así es la vida: no son un invento español. Croqueta viene de croquette, que significa «crujiente» y, aunque hay baile de fechas y de teorías, lo cierto es que aparecen en un recetario francés de 1691. Y otra cosa, las primeras no llevaban besamel —¡cómo, qué me estás contando!—. Pues no, pero también la inventaron los franceses, concretamente Vincent de la Chapelle, jefe de cocina de Louis Béchameil. Eso sí, el jamón lo pusimos nosotros. Como decía Emilia Pardo Bazán: «Las croquetas, al aclimatarse a España, han ganado mucho».

POSDATA. Es un plato cómodo para estudiantes; no hace falta ni descongelarlas (típico de túper de madre).

LO QUE ESCONDE LA SAL

El bacalao ha sido, tradicionalmente, uno de los pescados más comunes de interior, y un elemento fundamental para su conservación ha sido el uso de la sal. Gracias a ella se podía alargar la vida de muchos productos.

Lejos de pensar que esta salazón tan solo aportaba variedad a la dieta y la posibilidad de disfrutar del pescado, hay que valorarla todavía más porque, además, otorgaba una clave nutricional: el yodo, cuya importancia descubriríamos años después.

El yodo es un mineral que encontramos cerca de la costa y cuya presencia dietética está enormemente influida por los productos del mar. Como podemos imaginar, la ingesta de yodo en el interior de España hace años se podía mantener gracias a estos pequeños detalles.

Uno de los problemas asociados a la falta de yodo es el bocio y el cretinismo, ya que influye en el correcto desempeño de la glándula tiroides y del desarrollo neurológico.

En muchas zonas de la Mancha y de Extremadura hasta hace poco era frecuente encontrarse imágenes de personas mayores con el cuello hinchado por el bocio.

Hoy en día, para controlar y garantizar la ingesta de yodo, se recomienda el consumo continuado de sal de mesa yodada. La importancia de este mineral es tal que tuvimos que fortificar la sal de mesa con su presencia.

CROQUETAS DE BOLETUS Y PUERRO

PERSONAS
4

DIFICULTAD
MEDIA

TIEMPO
40 MIN
+ ENFRIADO

REPOSADO
NO
SERVIR DIRECTAMENTE

INGREDIENTES

100 g de boletus
60 g de mantequilla
60 g de harina
60 g de puerro
600 ml de leche

Huevo
Pan rallado
Aceite de oliva
Sal y pimienta molida

ELABORACIÓN

Lava y pica fino el puerro, rehógalo a fuego medio con la mantequilla hasta que esté tierno, añade las setas limpias y cortadas en dados muy pequeños, y cocina lentamente durante 5 minutos.

Espolvorea con la harina y rehoga. Vierte la leche y, con unas varillas, remueve sin parar hasta que empiece a espesar y a separarse de la base del recipiente y de las paredes. Salpimienta.

Vuelca la mezcla en otro recipiente y déjala enfriar y solidificar.

Una vez fría, forma las croquetas y empana. A continuación, fríelas en aceite caliente hasta que estén doradas.

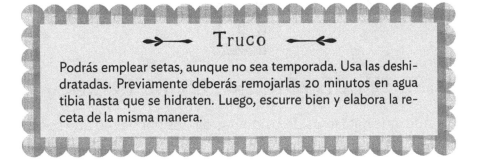

CROQUETAS DE MAMÁ (Y 2)

Si la croqueta no estuviera inventada desde hace muchos años, hoy estaríamos hablando de un plato sostenible, medioambiental. Porque el jamón no es el único relleno. En una croqueta cabe todo lo que sobra del día anterior: cocido, pollo, bacalao, setas, morcilla, cualquier queso... Son el basurero ecológico-gastronómico de todo lo que ha quedado por ahí.

El problema es que no es un plato fácil. Si entras en internet te salen cientos de entradas con el título «CÓMO HACER CROQUETAS CASERAS PERFECTAS», lo que viene a significar que el margen de error es grande. Atiende a los trucos del cocinero.

Croquette, croqueta, cocreta, cocleta, crocleta, kroketten en Holanda, korokke en Japón, crocché en Italia, salgados en Brasil (¿de verdad, salgados, por qué?)... La croqueta es un plato tan valorado que tiene su Día Internacional: el 16 de enero. Y pobre del camarero de cóctel al que le toque sacar las croquetas. Avalancha asegurada. Son sobras, sí, pero están ricas, y siempre podemos decir eso de: «No son como las de mi madre, ni mucho menos, pero se dejan comer».

POSDATA. Si hubieran tenido hueso, Patxi Bollos habría reunido doscientos treinta y seis. Tiene el récord de comer croquetas y, claro, es vasco.

¿SE PUEDE «FREÍR» EN EL HORNO?

Siempre que hablamos de croquetas damos por hecho que se hacen en una fritura de inmersión; sin embargo, también se pueden preparar al horno. Aunque *a priori* nos dé la sensación de que no van a estar tan ricas y crujientes, si el proceso lo hacemos tecnológicamente bien, saldrán igual de deliciosas.

Utilizar el horno como alternativa no es solo una medida para reducir la cantidad de calorías finales, también para que el aceite no impregne tanto el producto. Hablamos de un aceite que se ha sometido a altas temperaturas y que, por tanto, no es tan conveniente incluir en nuestra alimentación.

El procedimiento es similar, lo único que hay que hacer es sustituir la fritura final por el horneado, unos 15-20 minutos a 200 °C. La clave está en hacer una besamel o relleno perfecto para que las croquetas no se abran a mitad del horneado y aparezcan grietas.

Además, pueden quedar prácticamente similares si utilizamos una pequeña cantidad de aceite para recubrirlas una vez rebozadas. Ahora se venden en espráis o también podríamos utilizar el pincel.

En este caso el aceite ayudaría a sellar la cobertura de la croqueta y a mantener mejor la forma, reduciendo considerablemente la cantidad de aceite y haciendo un plato más ligero, más digerible y también más saludable.

FALSOS CHANQUETES A LA MIEL

PERSONAS
4

DIFICULTAD
BAJA

TIEMPO
12 MIN

REPOSADO
NO
SERVIR DIRECTAMENTE

INGREDIENTES

250 g de sucedáneo de angulas
70 g de harina de garbanzos
70 g de harina de trigo
1 cucharada de miel

Pimentón picante
Pimentón dulce
Aceite de oliva
Sal y pimienta blanca molida

ELABORACIÓN

Salpimienta el sucedáneo de angulas y pásalas por una mezcla de ambas harinas. Una vez impregnadas, usa un colador para golpear y quitar el sobrante. Fríelas un par de veces en un cacito con aceite caliente hasta que estén doradas y muy crujientes. Sácalas y reserva sobre papel de cocina.

Haz cucuruchos con papel sulfurizado y sírvelas en ellos. Añade por encima una pizca de pimentón y un chorrito de miel, y sírvelas calientes.

TRAMPANTOJO

El trampantojo es una técnica pictórica. Consiste en engañar al ojo del que mira un cuadro haciéndole creer que de verdad hay profundidad o que las figuras se salen de la tabla. Viene del francés «engaña al ojo», que deriva en «trampa ante el ojo». Nuestro diccionario lo define como una «trampa o ilusión con que se engaña a alguien haciéndole ver lo que no es».

Los cocineros, que son «unos artistas», no quieren ser menos y también juegan al trampantojo con elaboraciones que burlan al comensal. Parecen una cosa, pero son otra; la intención es sorprender utilizando la creatividad.

De ahí que presenten en sus platos aceitunas que son quesos, piedras hechas con puré de garbanzos, menestras de verdura que son una ensalada de frutas, una mandarina que es una mousse de hígado de pollo, una morcilla que es chocolate...

Nuestro Sergio ha dado un paso más y nos presenta unos falsos chanquetes a la miel. Es decir, con su habitual sinceridad y transparencia, él mismo declara que no son chanquetes. Pero la gracia está, y eso no lo declara el picarón, en que están hechos con otro trampantojo: las gulas, que son unas falsas angulas. Es un trampantojo declarado hecho con un trampantojo oculto.

Las gulas son un invento de los españoles Javier Borderías Juárez y Margarita Tejada Yabar, investigadores del Instituto de Ciencia y Tecnología de los Alimentos (ICTAN-CSIC), que contaron con la confianza y la financiación de la empresa Aguinaga que, entonces, vendía angulas. Todo empezó por una casualidad. Trabajaban con surimi, un producto poco conocido por aquellos tiempos, y lo metieron en una máquina de picar carne. Las últimas rebabas que salieron del aparato eran como unos fideos que les recordaron a las angulas. Investigaron el asunto, buscaron la textura apropiada, dieron un tono más oscuro a la parte superior añadiendo tinta de calamar a la masa y ya está: la gula.

La patente de la gula es de 1989 y dice: «Procedimiento de fabricación de un producto análogo a la angula y producto así obtenido». Es decir, también es un trampantojo confesado. Que nadie se queje porque no tienen los ojitos.

¿QUÉ HACEMOS CON LAS RASPAS?

Hay un dilema que tienen muchas personas que suelen tomar pescados de pequeño tamaño, y es el de si incorporar o no las raspas a su dieta. Es común hacerse esta pregunta con anchoas, boquerones o sardinas. Lo cierto es que el esqueleto de los peces tiene, al igual que el de otros animales, gran cantidad de minerales de interés para nuestra alimentación. En algunas poblaciones costeras llega a representar un importantísimo aporte de calcio, sobre todo en la población mayor, que está más acostumbrada a estas tradiciones.

Se habla de la leche como fuente de calcio. Ha sido tal el bombo y platillo con el que se han comunicado las propiedades de esta bebida que parece que en el resto de alimentos no es tan interesante. Lo primero es que no todo el calcio que hay en nuestra dieta es de origen animal; no solo está en los lácteos, de no ser así los alérgicos a estos productos o los que no los incluyen por voluntad propia tendrían graves problemas de salud, y no es así.

Otros ejemplos de calcio de origen animal son estas pequeñas raspas, pero es que ni siquiera hay que fijarse tan solo en los animales. El calcio, al ser un mineral, está presente en muchas plantas que lo acaban absorbiendo, incorporándolo a sus estructuras. Alternativas para el calcio son las coles, el brócoli y muchas semillas y frutos secos.

Como ves, encontramos muchos alimentos con gran interés nutricional que incluso tiramos a la basura. La elección o no de desechar las raspas es tuya; eso sí, ten siempre cuidado con los niños y que al menos sean de pequeño tamaño para no ponernos en peligro.

RAVIOLI DE LANGOSTINO Y CALABACÍN

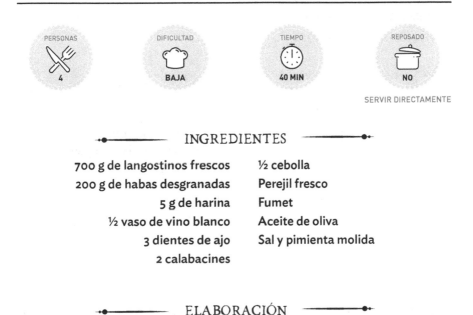

PERSONAS	DIFICULTAD	TIEMPO	REPOSADO
4	BAJA	40 MIN	NO

SERVIR DIRECTAMENTE

INGREDIENTES

700 g de langostinos frescos
200 g de habas desgranadas
5 g de harina
½ vaso de vino blanco
3 dientes de ajo
2 calabacines

½ cebolla
Perejil fresco
Fumet
Aceite de oliva
Sal y pimienta molida

ELABORACIÓN

Sofríe a fuego lento la cebolla troceada en pequeños dados y, una vez que esté tierna, añade los langostinos pelados y picados finamente. Salpimienta y mantén unos segundos a fuego medio. Espolvorea con una pizca de harina para espesar el sofrito.

Lava los calabacines y, sin pelarlos, córtalos con una mandolina en láminas finas a lo largo. Recorta las puntas de ambas tiras y colócalas en forma de cruz. Dispón en el centro de cada una, una cucharada del sofrito de langostinos, entrelaza los extremos y forma un cuadradito perfectamente cerrado. Repite la operación hasta que termines el sofrito y las láminas. Reserva.

Aparte, sofríe los ajos picados muy finos, espolvorea con un poco de harina, riega con el vino y deja que reduzca. Luego, agrega fumet y continúa con la cocción. Cuando haya reducido, echa la carne de las habas peladas y también el agua de perejil. Para ello, tritura un manojo de perejil fresco con agua y cuela. Retira del fuego y reserva.

Sofríe los ravioli con sumo cuidado por ambos lados para que queden bien dorados, pero sin romperse. Añádelos en la salsa verde de habas y da un hervor de 4 minutos a fuego medio. Comprueba el punto de sabor y sirve.

→→ Truco ←←

Cuando utilices calabacín en elaboraciones en las que lo necesites previamente pelado, no tires la piel. Una vez lavada y seca, métela en bolsas y congela. De esta manera, a la hora de hacer una crema de verduras o una tortilla de hortalizas, podrás incorporar estas pieles, aportando color y sabor.

LANGOSTINOS DOS SALSAS

Hoy el langostino es un manjar barato, asequible, al alcance de cualquiera. Vamos, que ha perdido bastante su condición de manjar.

En otros tiempos era lo más, la estrella de la Nochebuena e inevitable en las bodas con pretensiones: langostinos dos salsas, cóctel de langostinos. Era como pisar por un momento un mundo desconocido, un mundo de otros. Era como usurpar un pedacito de otra clase social. Nos hacíamos fotos con el langostino pelado en la mano o con el gesto de ir a morderlo.

Recuerdo cómo las mujeres —eran las mujeres, lo siento— se los guardaban en el bolso —igual eran ellas porque llevaban bolso para guardarlos, yo qué sé—.

—Niño, no te comas todos.

El caso es que nos comíamos uno o dos y ellas sacaban un pañuelo con disimulo y descargaban en él los demás para comerlos luego en casa e iluminar el humilde hogar con un producto poco habitual, o para llevárselos a la abuela y que también disfrutara del lujo.

Ahora una boda con langostinos dos salsas solo es posible si los invitados son unos modernos que visten *vintage*. Y de segundo, salmón en papillote.

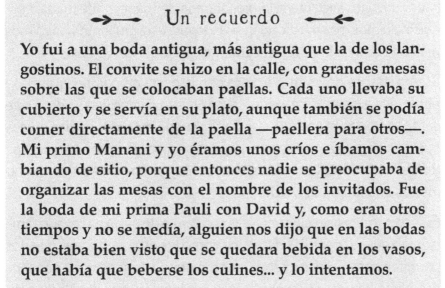

➡ — Un recuerdo — ⬅

Yo fui a una boda antigua, más antigua que la de los langostinos. El convite se hizo en la calle, con grandes mesas sobre las que se colocaban paellas. Cada uno llevaba su cubierto y se servía en su plato, aunque también se podía comer directamente de la paella —paellera para otros—. Mi primo Manani y yo éramos unos críos e íbamos cambiando de sitio, porque entonces nadie se preocupaba de organizar las mesas con el nombre de los invitados. Fue la boda de mi prima Pauli con David y, como eran otros tiempos y no se medía, alguien nos dijo que en las bodas no estaba bien visto que se quedara bebida en los vasos, que había que beberse los culines... y lo intentamos.

¿ESCONDIENDO LA VERDURA?

Lo que hace unos años era un recurso exótico apenas utilizado en algunas recetas tradicionales como las berenjenas a la parmesana o la musaka, se ha hecho popular los dos últimos años. Hablamos de sustituir recetas tradicionales en las que se empleaba pasta por verdura.

Este es un recurso muy usado por nutricionistas, por ejemplo, en dietas de adelgazamiento que queremos hacer hipocalóricas. De ese modo se está consumiendo menos cantidad de energía porque las verduras son menos calóricas que la pasta. Además, así es más fácil tener las cinco raciones de frutas y verduras diarias porque ya estamos incorporando la verdura directamente en un primer plato, reduciendo las harinas refinadas que suelen ser bastante frecuentes en nuestra alimentación y que ya comemos de sobra. También conseguimos así hacer un plato saciante si lo preparamos de manera adecuada, porque incluimos más masticación si la verdura está crujiente y añadimos más cantidad de fibra. ¡Prácticamente casi todo son ventajas!

Es importante no confundir esto con la pasta de colores que tiene pequeños extractos de verduras. En el caso de una lasaña en la que cambiemos las placas por calabacín, sí que estamos haciendo esa sustitución íntegra; sin embargo, unas espirales o tiburones coloreados con un poquito de espinaca o de tomate no son ni mucho menos una ración de verdura.

Esta costumbre de incluir verduras con forma de pasta ha llegado también a algunos utensilios de cocina como los espiralizadores, que nos permiten hacer fideos y espaguetis a partir de calabacines o zanahorias. No olvidemos, por supuesto, que también hay que atender al resto de ingredientes del plato para poder calificarlo de saludable, pero con este incremento de verdura ya lo habremos mejorado bastante.

Hay que tener en cuenta, sobre todo con los más pequeños de la casa, que este interesante recurso tampoco se tiene que utilizar siempre como medida rutinaria para que se coma verdura. No queremos ocultarla constantemente, pues es importante que se acostumbren a las texturas de la verdura y que no siempre esté camuflada.

ENSALADA DE CANÓNIGOS, GRANADA Y AVELLANAS

PERSONAS	DIFICULTAD	TIEMPO	REPOSADO
4	BAJA	15 MIN	NO

SERVIR DIRECTAMENTE

INGREDIENTES

1 bolsa de canónigos
40 g de avellanas
2 granadas
1 diente de ajo

Vinagre de Jerez
Azúcar
Aceite de oliva
Sal y pimienta molida

ELABORACIÓN

Tritura el diente de ajo con aceite de oliva. Con la ayuda de un pincel o una brocha, pinta la fuente donde vayas a presentar la ensalada, de manera que aporte aroma y sabor sin que te encuentres trozos gruesos de ajo.

Da un corte a las granadas por la mitad y golpea cada parte con fuerza con una cuchara hasta liberar todas las pepitas.

Tuesta las avellanas en una sartén sin que lleguen a quemarse.

Añade los canónigos a la fuente, agrega las avellanas frías y las pepitas de la granada.

Aparte, bate enérgicamente aceite con vinagre, sal, pimienta y azúcar, y salsea la ensalada con esta vinagreta.

> ➤➤ **Truco** ◀◀
>
> Incorpora un puñado de almendras, avellanas o piñones en aceite, y mantenlo al baño maría durante 15 minutos. Deja enfriar y tritura. Emplea ese aceite para tus vinagretas y aumentarás así el aroma y el sabor.

CANÓNIGOS DE MÓDENA

La *Valerianella locusta* pertenece a la familia *Valerianaceae* y se conoce por todos como hierba de los canónigos, o solo por canónigo. Me encanta empezar así. Me encanta. Me lo podría inventar y ni te enterarías. Ojo, que igual me lo he inventado.

Era poco conocido hasta no hace muchos años y, de repente, se puso de moda: ensalada de canónigos. Y lo que pasa con las modas, que no había restaurante modernito ni casa con pretensiones sin su ensalada de canónigos con queso de cabra caramelizado —abre bolsa, queso a la sartén, azúcar moreno encima, soplete y ya está: PLATACO infalible en tres minutos—. Eso sí, con el toque final del aceto balsamico tradizionali di Modena... ¡Y una eme!

Tú no has visto un balsámico auténtico en la vida. Ni yo. ¿Tú te has gastado cien euros por una botellita? ¿Te ha salido a mil el litro? Pues ya está, tú has pagado tres euros veinte por cuarto de litro de un líquido dulzón hecho con un vinagre, posiblemente español, aromatizado con hierbas y caramelo. Pone IGP porque es una mala copia que los de Módena se han hecho a sí mismos. Vamos, el típico timo italiano.

El auténtico aceto es una esencia y su proceso de elaboración y envejecimiento es muy largo. En Módena se dice que quien monta una acetaría lo hace pensando en sus nietos, porque el pionero nunca le sacará rendimiento. Por eso, ya nadie emprende en esto.

No se parte de vino, sino de mosto cocido. Se envejece por un método parecido al de los vinos de Jerez, por soleras. Va reduciendo y cambiando de barricas: roble, castaño, cerezo, fresno y morera. El proceso puede durar desde doce años, como mínimo, hasta, por decir algo, cincuenta. Y, claro, según su edad, su precio. Como para echarlo a chorretones. Gota a gota y contándolas.

Pero es gracioso que hoy hasta las abuelas han abandonado nuestros vinagres tradicionales para echar este «que está más dulcecito».

→ → Sabías que... ← ←

El aceto balsamico tradizionali di Modena nació fruto de un error: alguien olvidó un barril de mosto cocido que, años más tarde, se había trasformado en un vinagre extraordinario. Como lo de la penicilina, pero en vinagre.

¿ES LA VERDURA DE BOLSA IGUAL DE NUTRITIVA?

Una de las excusas más frecuentes que la gente comparte a la hora de justificar su bajo consumo de verdura es la falta de tiempo o el no saber cómo prepararla de manera que esté más sabrosa.

En este contexto de conveniencia y de buscar productos preparados más fáciles de usar es innegable que algunos recursos como las ensaladas de bolsa se han convertido en una herramienta muy recurrente. El lineal de ensaladas hace años que tiene lechuga, hojas de roble, canónigos o incluso mezclas ya preparadas para volcarlas en un bol y empezar a hacerte tu ensalada diaria. De hecho, algunas variedades o propuestas como los canónigos, prácticamente solo se encuentran comercializados en bolsa.

Ya no solo con la excusa de la comodidad, también con los nuevos modelos familiares, una pareja joven de hoy en día no consume la lechuga romana con la misma velocidad que una de seis miembros antaño.

Una duda muy frecuente que se suele plantear es si estas verduras son igual de nutritivas que las frescas, y la verdad es que sí. A veces incluso están mejor conservadas que las que no se han mantenido con la suficiente frescura ni con las condiciones óptimas. Aunque, obviamente, nunca vamos a encontrar un producto *premium* mejor que la mejor de las lechugas frescas. En ocasiones es preferible una lechuga en bolsa a una lechuga pocha.

Sucede algo parecido con la verdura ultracongelada, que al haberse sometido a un proceso de congelación muy rápido y a muy baja temperatura conserva prácticamente todas sus propiedades intactas.

Por supuesto, las facilidades siempre tienen una parte negativa, y en este sentido es la generación de residuos. Mediante la búsqueda de la comodidad hay veces que generamos un número completamente injustificado de plásticos de un solo uso. Aquí aprovecho para apelar a tu sentido de la responsabilidad.

CARPACCIO DE CHAMPIÑONES Y SALSA DE FRUTOS SECOS

PERSONAS
4

DIFICULTAD
BAJA

TIEMPO
15 MIN

REPOSADO
2 MIN

+ REPOSADO

INGREDIENTES

700 g de champiñones portobello
15 g de almendras granillo
tostadas
10 g de avellanas
1 huevo

1 lima
Orégano
Aceite de oliva virgen
Sal y pimienta molida

ELABORACIÓN

Limpia los champiñones con un cepillo, eliminando cualquier resto de arena que puedan portar. Corta la última parte del tallo. Lamina finamente cada unidad y dispón las láminas con orden y encabalgadas en un plato llano amplio.

Pon por encima ralladura de lima, parte de las almendras, una pizca de sal, pimienta y orégano. Riega con un chorrito de aceite de oliva y zumo de lima. Reserva.

Elabora una mayonesa con el huevo, agregando poco a poco aceite hasta conseguir que emulsione. Incorpora justo al final unas gotas de lima, las avellanas y el resto de almendras, y tritura bien.

Con la ayuda de una manga pastelera reparte pequeños botones de salsa sobre el carpaccio de champiñones. Deja reposar un par de minutos y sirve.

Truco

Los champiñones son tan versátiles que nos sorprendería la cantidad de platos que podemos hacer con ellos, pero especial protagonismo tienen elaboraciones en crudo, como esta receta. Otra opción interesante consiste en lavar y retirar con cuidado la fina piel de la cabeza de los champiñones, cortarla en cuartos u octavos y mezclar con canónigos, arándanos y nueces. Después se puede aliñar con una vinagreta y disfrutarás de todo el sabor y textura en versión ensalada.

UN PLATO MUY FINO

Hay que reconocer la influencia italiana en la cocina internacional. Y no hablo de los romanos del Imperio, que ya nos dejaron muchas recetas escritas, sino de Italia entera, desde entonces hasta nuestros días.

Todos conocemos los espaguetis —spaghetti—, los tallarines —tagliatelle—, los canelones —cannelloni—, la lasaña —lasagna—, el risotto, la pizza, el panettone, la panacota —pana cotta—... Seguro que has comido alguno de estos platos en la última semana y los habrás pedido al camarero con la misma naturalidad que si hubieras comandado paella, fabada o callos. Eso es porque algunas elaboraciones ya tienen sitio en nuestro diccionario y otras las pronunciamos como si hubiéramos nacido en Castelmezzano.

El carpaccio es uno de esos platos que ya ha echado raíces en Salamanca y en Murcia, en Sevilla y en Santander. En España. Y eso que no es gran cosa. Más que una idea culinaria fue una provocación: un médico había recomendado comer carne cruda a la condesa Amalia Nani Mocenigo para superar su déficit de glóbulos rojos y su amigo Giuseppe Cipriani, cocinero del Harry's Bar de Venecia, asumió el reto y preparó, en dos minutos, un solomillo de buey cortado en láminas muy finas y macerado con mostaza, mayonesa, salsa Worcestershire y virutas de queso parmesano. Corría 1950.

Pregunta. Y si él se llamaba Cipriani y ella Mocenigo, ¿de dónde sale lo de carpaccio? Pues del parecido de los colores del plato con las obras del pintor Vittore Carpaccio, que hacía mucho gasto de óleo rojo y amarillo y era uno de los favoritos de Cipriani.

Originalmente el carpaccio se hacía con carne de buey. Hoy lo tenemos de ternera, salmón, atún, bacalao, pulpo, gambas, calabacín, tomate, champiñón, naranja, fresa, melón, sandía…, y todo lo que se deje cortar muy fino. El secreto es tener buen pulso con el cuchillo o darle bien a la mandolina —para que todo quede en Italia—.

Por cierto, el carpaccio de carne también lo venden ya preparado en los lineales. Y eso sí que es un invento, porque te venden cincuenta gramos a precio de kilo.

CREMAS DE FRUTOS SECOS

Las cremas de frutos secos hasta hace años eran un producto ajeno a nuestras compras y que como mucho veíamos en el desayuno de alguna película de Hollywood. Al observarlas, además en este contexto, era normal asociarlas a preparaciones poco saludables, como es el caso de los famosos sándwiches anglosajones de crema de cacahuete y mermelada. No es la manera más ligera de empezar el día, precisamente.

A partir de esta perspectiva mucha gente asoció las cremas de frutos secos a un producto malsano, creyendo muchas veces que tenían una concentración muy alta de azúcar —probablemente por culpa de la mermelada de acompañante—. Sí que es cierto que hace tiempo encontrábamos la mayoría de referencias comerciales de crema de cacahuete o de crema de almendra con mucho azúcar, pero ahora en cualquier supermercado hay cremas hechas exclusivamente con frutos secos en su composición: 100 % almendra, 100 % anacardo, 100 % cacahuete.

Estos productos dan una versatilidad importante en la cocina y son un recurso más saludable que las cremas de cacao al uso. Para acompañar algunas pastas, dar cuerpo o un toque distinto a la repostería, tostadas diferentes y, por supuesto, también para hacer salsas para una receta como esta.

Considera que entre sus ingredientes solo encontramos frutos secos, por lo que sigue siendo un alimento muy denso y energético, y aunque sea más saludable que la mayoría de sus alternativas, no pierdas de vista la energía de más que aporta su consumo. Ten en cuenta también que al estar triturados hemos eliminado casi toda la masticación de estos alimentos, y que, por tanto, disminuye su saciedad. No es lo mismo masticar cacahuetes que tomarlos ya triturados, lo cual puede hacer que los consumamos en unas cantidades mayores de lo que creemos.

LASAÑA DE CALABAZA GRATINADA

PERSONAS
4

DIFICULTAD
BAJA

TIEMPO
55 MIN

REPOSADO
SÍ

HASTA QUE SE ENFRÍE

INGREDIENTES

2 calabazas medianas alargadas
50 g de beicon ahumado
4 lonchas de queso emmental
4 tomates
2 dientes de ajo
1 cebolla

1 calabacín
1 berenjena
Harina
Aceite de oliva
Sal

ELABORACIÓN

Pela las calabazas, córtalas en láminas rectangulares de medio centímetro aproximadamente y dóralas en la plancha por ambos lados hasta que estén tiernas, pero no deshechas. Reserva.

Pica finamente los ajos y la cebolla, y sofríelos en aceite junto con el beicon cortado en dados. Cuando empiecen a tomar color, añade el calabacín y la berenjena troceados y sin pelar. Mantén unos minutos a fuego medio.

Espolvorea una pizca de harina, incorpora los tomates pelados y picados, y cocina a fuego medio durante 15 minutos. Sazona.

Monta en una fuente apta para horno una lasaña cambiando la pasta por calabaza; es decir, capa de calabaza, relleno, calabaza, relleno, y termina con una última lámina de queso. Gratina hasta que esté bien dorada y sirve caliente.

➜— Truco —⬅

A la hora de cortar la calabaza debes extremar las precauciones, ya que su piel es muy dura y es fácil que el cuchillo pueda resbalar y provocarte un corte. Para evitar esto, lo mejor es cortarla por la mitad y apoyar la parte de la carne contra la tabla, garantizando así que haga ventosa y se adhiera mejor. Luego podrás deslizar el cuchillo de arriba abajo sin tener tanto riesgo.

CAÑÁCALABAZAS

El Navalcán F.C. jugaba sus partidos en Cañáhonda (Cañada Honda) pero, haciendo honor a su nombre, el paraje quedó sumergido bajo el pantano. El nuevo «estadio» se instaló en Cañácalabazas (Cañada de calabazas). Allí se trasladaron los jugadores... y las vacas.

Hace poco alguien me dijo que recordaba con terror los partidos contra Navalcán porque en la defensa estaban los hermanos Camacho, en la portería se colocaba «Manoplas» (apodado así por el tamaño de sus manos) y, para remate, el pueblo siempre tenía mal perder.

Nuestra pandilla era grande y también jugábamos en Cañácalabazas. En la adolescencia, algunos tenían novia y otros no. Unos iban a tiro fijo y otros tirábamos a todo lo que se movía (con escasa puntería). En aquellos tiempos, las chicas se recogían antes que los chicos; las novias se iban a casa a una hora concreta de la noche y entonces llegaba el momento de la unión de «casados» y solteros; el grupo completo libre. Nuestras correrías no iban muy lejos; más de una vez comprábamos cuatro o cinco cajas de botellines y nos íbamos a Cañácalabazas: Teo (Carrete), Antonio (Geta), Míguel (Geta), Míguel (Piche), Míguel (Cortezas), Carlos (Pinta), José Juan (Antonino), Pierres (Antonio), Julito (Cacharrero), Carlos (Coscurro), Ángel (Sopas), Alfredo (Barrizales), Pedro (Petaca), Chules, Pancho...

Los botellines eran nuestra «agua milagrosa» y, a la tercera caja, más que curar provocaban lesiones. Cerveza, oscuridad, terreno irregular y bostas, era difícil volver sin una pierna herida o una mierda de vaca en el pantalón; a veces coincidían: pisada de caca, costalada y de espaldas encima de la plasta. Después de hacer el machote volvíamos, y siempre había que dejar a alguno malherido en casa y decíamos lo de Gila: le hemos dejao sin hijo, pero nos hemos reído...

Los chicos de antes no éramos tan diferentes a los de ahora. Bebíamos más de la cuenta y hacíamos tonterías. Si acaso nos diferenciábamos en que si un adulto nos llamaba la atención... nos poníamos firmes como velas. Ahora que lo pienso, nunca vi calabazas en la Cañada de calabazas (Cañácalabazas).

TOMATE Y ACEITE, BUENA COMBINACIÓN

El tomate es otro de esos productos que se ha convertido en estandarte de la dieta mediterránea, aunque, paradójicamente, se trajo a España de América. Es curioso que ahora lo entendamos tan nuestro, ¿verdad?

El papel del tomate para mantener un régimen saludable es en muchas dietas importante, sobre todo porque lo consumimos en cantidades bastante abundantes, y con ello aportamos una cantidad considerable de fibra y de compuestos bioactivos. Hay una peculiaridad con los compuestos beneficiosos del tomate, y es que se concentran en mayor cantidad cuanto más maduro está el fruto; los tomates muy maduros tienen mucha mayor concentración de licopeno, por ejemplo. Cuando usamos en cocina tomates especialmente blandos, para hacer un gazpacho o un pisto, estamos seleccionando aquellos que nos aportan en mayor medida este compuesto.

Este licopeno es el responsable también del color rojizo —por eso los tomates más maduros los vemos todavía más rojizos—, es un carotenoide también presente en otros alimentos rojos como la sandía, el pomelo o el albaricoque. Es una sustancia con efectos antioxidantes y antiinflamatorios.

A diferencia de lo que hemos visto con otras vitaminas que se destruyen con el incremento de la temperatura, el licopeno aguanta algo mejor durante el proceso de cocción. Al ser un precursor de la vitamina A, no es tan delicada como, por ejemplo, la C, que se destruye u oxida muy fácil.

Además, recientemente se ha confirmado que el licopeno es una de estas sustancias que se absorben mucho mejor cuando está acompañada de grasa, es lo que se llama una vitamina liposoluble, y se disuelve y transporta muy bien en presencia de grasa, de modo que si la tomamos con un alimento graso, se absorberá todavía en mayor medida. Esta tradición que hacíamos de manera intuitiva de acompañar el tomate con aceite de oliva, o de preparar un pisto o un sofrito como base de nuestros platos, al final resulta que tenía una justificación científica.

MEJILLONES A LA VINAGRETA DE GRANADA

PERSONAS
4

DIFICULTAD
BAJA

TIEMPO
15 MIN

REPOSADO
SÍ

AL MENOS 5 MINUTOS

INGREDIENTES

1 kg de mejillones
50 g de pimiento amarillo
1 cebolleta pequeña
1 granada
Azúcar

Vinagre
Laurel
Perejil fresco
Aceite de oliva
Sal

ELABORACIÓN

Pica en dados muy pequeños la cebolleta y el pimiento, y mézclalos en un bol. Desgrana la granada e incorpórala.

Aparte, bate enérgicamente aceite, vinagre, sal, azúcar y perejil picado hasta que emulsione.

Prepara una olla con tapa, ponla al fuego sin aceite y sin agua, y una vez caliente, echa los mejillones. Sube el fuego al máximo, añade laurel y un chorro de aceite, tapa y cocina hasta que se abran.

Separa una de sus valvas y deja la otra con la carne. Reparte el picadillo de hortalizas por encima y vuelve a emulsionar la vinagreta. Salsea y listo para degustar.

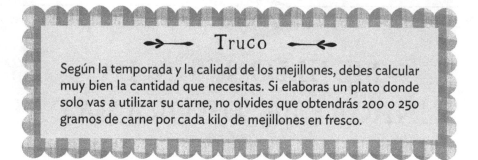

MEJILLONES DEL RÍO TIÉTAR

Si tuviéramos que buscar los mejillones entre la nieve, a doscientos metros de profundidad, en lo alto de la montaña o solo hubiera dos o tres lugares en el mundo donde encontrarlos, costarían lo que el caviar, la angula o el percebe. Incluso más, porque ninguno le gana en sabor y propiedades.

No es que el trabajo en las bateas sea cómodo, ni mucho menos, pero el mejillón se coge en cantidad y durante todo el año, y eso hace que la ostra, la almeja e incluso la navaja y el berberecho le miren por encima de la concha superior, que es su hombro. Es el familiar pobre de los bivalvos.

Un día, cuando yo era pequeño, metí la mano entre la arena del río Tiétar y encontré... un mejillón —hay foto—. La gente no se lo creía:

UNO.—Ese te lo has traído de casa.

YO.—Que no, que me lo he encontrado.

OTRO.—Mira a ver si aún tiene arroz dentro.

YO.—Que no, que no puedo abrirlo.

Me imaginé como un Jacques Cousteau de agua dulce y estuve buceando toda la mañana. La espalda se me puso como un tomate, pero acabé cogiendo una docena de mejillones.

UNO.—Esto es que alguien los ha tirado aquí.

OTRO.—La verdad es que son como más redondos.

LA MUJER DE OTRO.—Y están limpitos, no tienen barbas.

UNO (es decir, el listo de antes).—Niño, mira a ver si encuentras bogavantes.

YO.—Vete a la mierda.

Los llevamos a casa, los metimos en agua con sal y mi abuela los coció. Se abrieron y... aquello no había quien se lo comiera: eran duros, como chicle, sabían a cieno. Mi gozo en el cubo de la basura; yo que estaba pensando emprender y hacerme millonario.

Años más tarde conté esta historia en la radio y, tras aguantar las burlas generales, un colaborador del programa, el naturalista Joaquín Araújo, confirmó que hay mejillones de río —*Margaritifera margaritifera*—, pero que estaban en peligro de extinción y que yo, en mi ignorancia infantil y aventurera, puse mi granito de arena en ello.

Desde entonces soy defensor del duro, insípido y escaso mejillón de río que queda y también del más afortunado, sabroso, barato y abundante mejillón de mar. Mira por dónde, siempre hay alguien al que mirar por encima de la concha superior que es su hombro.

MEJILLONES, UN MANJAR SIN PRECIO

Aunque los mejillones son el recurso barato de muchas mariscadas, podemos afirmar con rotundidad que son un manjar que no tiene precio, tampoco en lo nutricional, donde tienen un interés muchas veces desconocido.

Los mejillones son una buena fuente de proteínas que se digieren muy bien, además, es de las pocas excepciones que puede constituir por sí misma una ración de proteínas si el plato es abundante. Al igual que pasa con otros pescados blancos o mariscos, estas proteínas están asociadas a pocas calorías y poca cantidad de grasa, por lo que tenemos un ejemplo de alimento bastante magro. Pero si en algo destacan los mejillones es que son una de las mayores fuentes de hierro de origen animal. Tendrían que ser, junto con los berberechos, uno de los alimentos prioritarios como fuente de hierro en detrimento de la carne roja.

Como para que haya una correcta absorción de hierro es imprescindible la vitamina C, tomarlos con una vinagreta, un salpicón o añadir un buen chorreón de limón, si los preparamos al vapor, es la manera apropiada de potenciar la absorción de hierro y el mejor acompañamiento. También son fuente de zinc, un mineral muy interesante para el sistema inmunitario y la salud sexual.

Como se producen en bateas, es uno de los productos más respetuosos y menos impactantes con el medio ambiente de los que podemos escoger del mar. Son, sin ninguna duda, un alimento para incluir con mayor frecuencia en nuestra dieta, sobre todo por el simbólico precio que esconde una malla de mejillones.

CHIPS DE BATATA CON CREMA DE AGUACATE

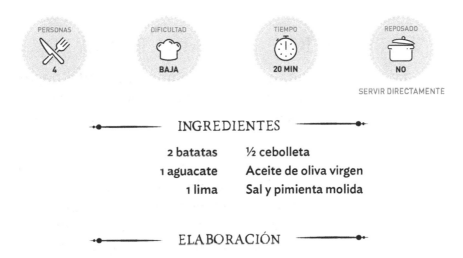

PERSONAS
4

DIFICULTAD
BAJA

TIEMPO
20 MIN

REPOSADO
NO

SERVIR DIRECTAMENTE

INGREDIENTES

2 batatas
1 aguacate
1 lima

½ cebolleta
Aceite de oliva virgen
Sal y pimienta molida

ELABORACIÓN

Pica finamente la cebolleta y añádela a un bol junto con un chorro generoso de aceite, la ralladura y el zumo de lima, sal y pimienta molida. Corta el aguacate por la mitad, extrae su carne, trocéala y agrégala al bol. Machaca con un tenedor hasta obtener una crema con cierta textura (también lo puedes triturar con la batidora).

Lava las batatas, córtalas sin pelar con la mandolina en láminas muy finas, y reserva sobre papel de cocina para que pierdan parte de su humedad.

Luego, fríelas en aceite caliente, aunque no en exceso, ya que deben quedar doradas y crujientes, pero nunca quemadas. Reserva una vez más sobre papel de cocina.

Sirve estos chips acompañados con la crema de aguacate.

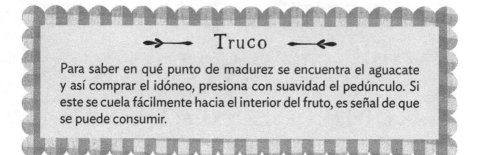

VAN UNA BATATA Y UN BONIATO...

Hay algunos productos que tienen nombres diferentes en uno u otro país, aunque tengamos el mismo idioma. Por ejemplo, nuestras judías verdes son habichuelas en Venezuela y chauchas en Argentina.

Pero no hay que irse tan lejos para encontrar diferencias porque aquí, en el País Vasco, también se conocen como vainas. Ya que estamos, allí dicen anchoa al bocarte de Cantabria y al boquerón de nuestro centro y sur. Nos quedamos en el sur, en Málaga, y si pedimos una de chopitos te van a dar lo mismo que si pides puntillitas en Cádiz.

El lío de los nombres no es solo cosa del pescado, sino que afecta también a la carne, ya que si estamos en Málaga y pedimos un choto nos van a servir cabrito y no la chuleta de res de menos de dos años que te pondrían en cualquier sitio. El remate es cuando en un mismo lugar un sustantivo responde a dos o tres cosas diferentes. Si en Segovia, por ejemplo, pides un tostón, te van a dar una buena ración de cochinillo o un simple garbanzo tostado —al que también llaman torrao—. Ese desdoble del tostón también se da en Murcia, pero allí, o te ponen el garbanzo tostado, o te dan unas palomitas de maíz. Y lo del tostón en América es el más difícil todavía, porque es un trozo de plátano verde aplanado y frito que también llaman patacón. Pero, cuidado, porque ese plátano también se conoce como chipilo —en Bolivia—, tostada de plátano —en Cali, Colombia—, tachino o chatino —en Cuba—, frito verde —en República Dominicana— o tajada —en Honduras—. La que se lio en Babel a la hora de comer.

Y ahora nos vamos a la eterna pregunta: ¿batata y boniato son lo mismo, son diferentes, o en un sitio llaman batata al boniato y en otro boniato a la batata? Pues, sinceramente, no lo tengo nada claro, porque después de leer cuarenta y siete artículos me he perdido bastante. El cincuenta por ciento empiezan diciendo «la batata, boniato, moniato, patata dulce, papa dulce o camote...»; es decir, consideran que son la misma cosa. Pero el otro cincuenta por ciento titulan «diferencias entre la batata y el boniato»; es decir, consideran que no son lo mismo. Pues eso, que no lo sé.

Tengo que reconocer que para tan corta conclusión —que, además, no soluciona nada— he hecho una introducción muy larga.

CHIPS DE BONIATO

Los chips de verduras nos permiten tener una opción diferente a las típicas patatas fritas. Por un lado, utilizar batata o boniato en lugar de patata ya de por sí nos enriquece la receta y nos proporciona un mayor interés nutricional: ofrece más cantidad de nutrientes y menos almidón y energía por ración. Si, además, atendemos a variantes de preparación como los chips al horno, estaremos reduciendo la cantidad de aceite que tiene esta receta, mejorando su digestibilidad, haciéndola más ligera y eliminando productos perjudiciales que aparecen al someter a los aceites a las altas temperaturas de una fritura.

La clave de un chip saludable y sabroso se encuentra en el tipo de corte y en las especias que añadas. Si cortas algunas verduras finamente puedes conseguir un resultado crujiente sin necesidad de hacer una fritura por inmersión. Al ser el producto muy fino se cocina muy pronto y se puede utilizar solo el aire del horno. Emplear cortes finos, además, permite recurrir a algunas partes de las verduras como las pieles, y reaprovechar así trozos que de otro modo no utilizaríamos, o bien darles una segunda vida a esas verduras olvidadas que quedan en la nevera.

Otro consejo para esta receta es utilizar un espray o un pincel con el que puedas controlar la cantidad de aceite, y, por supuesto, añadir unas cuantas especias interesantes como la pimienta, el orégano o el curry que te permitan obtener un resultado con mucho sabor sin necesidad de abusar de la sal y del aceite.

Si ya, por último, tienes el acompañamiento perfecto —una salsa para mojar que sea saludable como esta propuesta de aguacate de Sergio— dispondrás de una alternativa completa a las patatas fritas de toda la vida.

BOLETUS CONFITADOS A LA TRUFA

PERSONAS
4

DIFICULTAD
MEDIA

TIEMPO
25 MIN

REPOSADO
SÍ

UNOS MINUTOS

INGREDIENTES

2 boletus grandes
1 hoja de laurel
1 diente de ajo
1 huevo
Vinagre

Aceite de oliva
Aceite de trufa
Aceite de oliva virgen extra suave
Sal fina y en escamas
4 granos de pimienta negra

ELABORACIÓN

Limpia los boletus con un cepillo pequeño, retirando cualquier resto de arena que pudiesen traer. Con un papel de cocina húmedo, frótalos con suavidad y a continuación lamínalos con un grosor de cuatro milímetros aproximadamente. Reserva.

Prepara una sartén amplia con aceite virgen extra suave, los granos de pimienta, el ajo cortado por la mitad y el laurel. Templa a unos 70 °C y, alcanzada esta temperatura, añade los boletus y mantenlos al fuego durante 10-15 minutos. Deben quedar tiernos. Deja reposar unos minutos en su propio confitado.

Aparte, bate el huevo y añade poco a poco aceite de oliva. Cuando empiece a emulsionar, incorpora unas gotas de vinagre y sal. Una vez terminada la mayonesa, agrega un chorrito de aceite de trufa.

Sirve los boletus escurridos y calientes, acompaña con pequeños botones de mayonesa de trufa y sazona con sal en escamas.

→ Truco ←

En un buen otoño setero nos solemos juntar con gran cantidad de setas. Si te ocurre esto y tienes muchos boletus, congélalos sin problema. Es importante que los guardes limpios, troceados o laminados. Luego, tan solo déjalos descongelar en un colador, retirando parte del agua que liberan. Podrás saltearlos, triturarlos para un risotto o elaborar con ellos una sabrosa crema.

LAS SETAS DE LOS ENANITOS

Me encantan las setas. Me gusta cogerlas acompañado de algún experto y me gusta comerlas. Primero verlas en el suelo y, luego, encontrarlas en el plato a la plancha con ajito.

Soy capaz de reconocer el boletus, el níscalo, el parasol, el pie azul, la de cardo, la senderuela, el champiñón. Pero ya digo, no las cojo si no tengo asesoramiento al lado. El dicho es muy sabio: «Las setas se pueden comer todas, pero algunas solo una vez». Y en esto es mejor no ir de listo y quedarse con las ganas.

Y tampoco tengo interés en ver enanitos. Un día entrevisté a Llorenç Petràs, un hombre que, desde su parada 866 en el mercado de La Boquería, se convirtió en un pionero en el mundo de la seta y, por supuesto, en uno de los mayores expertos de nuestro país.

—YO.—La seta de los enanitos no mata, ¿no?

—LLORENÇ.—Pero coloca muy fuerte.

—YO.—¿Es verdad que se ven enanitos?

—LLORENÇ.—Sí, por eso se llama así y el efecto que produce es universal e inexplicable: los ve un estadounidense, un chino o un indígena del Amazonas. Yo de eso puedo hablar con bastante exactitud porque una vez lo probé. Lo probé por curiosidad y tiene un proceso muy jodido. Primero te provoca vómitos y una descomposición muy fuerte que te dura dos o tres días, pero de esas que no puedes salir del baño. Luego, cuando termina la descomposición y los vómitos te da una fiebre muy alta. Y es en ese proceso febril cuando ves a los enanitos y vuelas; yo sobrevolé el campanario de la iglesia del pueblo donde vivo y una higuera grande que hay al lado y lo vi todo con una realidad pasmosa. Hay gente que hace esto más de una vez y, evidentemente, tiene sus consecuencias; entre otras, la posible confusión con otra seta que sí mata. Algunos quieren hablar con el de arriba y se quedan a vivir con él. Mejor no jugar con esto, es muy peligroso.

Yo.—Vale, prefiero ver *El hobbit*.

➜— Sabías que... —◄—

Según parece, los romanos de las clases altas consumían habitualmente la *Amanita muscaria* —seta de los enanitos— para hacer más estimulantes sus orgías. Había un problema: para llegar al momento del «beneficio» alucinógeno se tenía que pasar por el mal trago de los vómitos y la descomposición, y sus cuerpos estaban acostumbrados al placer, no al sufrimiento. Hasta que alguien descubrió que si bebía su propia orina las alucinaciones aparecían sin pasar por los efectos negativos. Encontraron la solución utilizando como filtros a sus esclavos: ellos comían las setas y sufrían el proceso de intoxicación, y luego los señores se bebían su orina para disfrutar de los placeres en perfecto estado de salud y sin consecuencias. Siempre ha habido clases.

¡QUÉ LISTA ES LA NATURALEZA!

La seta es uno de los alimentos que desatendemos de forma inconsciente cuando damos el recordatorio de los grupos alimentarios: frutas, verduras, hortalizas, legumbres, carne, pescado, huevos, frutos secos, semillas, cereales, lácteos... ¿Y qué pasa con las setas? Pues que son olvidadas de manera injusta.

Nutricionalmente se las confunde y se las equipara con las verduras, a pesar de que no son vegetales. Estamos hablando de un reino diferente, del reino fungi. El hecho de meterlas en el mismo saco que otras verduras y hortalizas se debe a que en la mayoría de su composición hay agua, además de que tienen un contenido calórico bastante bajo. Un ejemplo para ilustrarlo es que puedes encontrar un revuelto de espárragos o uno de setas.

Una de sus características es la ausencia de macronutrientes. Traduciendo esto a palabras llanas, lo que quiere decir es que tienen muy pocas calorías porque apenas poseen hidratos de carbono, proteínas o grasa. Es cierto que de los tres nutrientes, el de la proteína es el más alto, pero no tienen una cantidad suficiente para que la consideremos una fuente principal como lo es en la carne, el pescado, los huevos y las legumbres. Además, deberíamos tomar una ración grande, cosa que no solemos hacer —no es tomarse doscientos gramos de setas, sino añadirlas a alguna preparación como un arroz o un guiso—. En lo que sí destacan es en el aporte de ciertos minerales y vitaminas. Recientemente se las ha puesto en valor por la vitamina D, uno de los más altos y sobre todo interesante en dietas que no incluyen alimentos de origen animal.

Una curiosidad que seguro que te gusta: si antes de tomarte unas setas las expones al sol, aumentará ligeramente la cantidad de vitamina D dentro de su composición.

PATÉ CASERO AL JEREZ

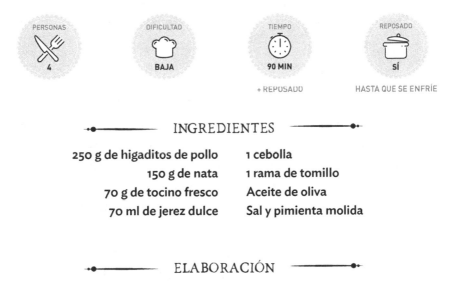

PERSONAS
4

DIFICULTAD
BAJA

TIEMPO
90 MIN
+ REPOSADO

REPOSADO
SÍ
HASTA QUE SE ENFRÍE

INGREDIENTES

250 g de higaditos de pollo
150 g de nata
70 g de tocino fresco
70 ml de jerez dulce

1 cebolla
1 rama de tomillo
Aceite de oliva
Sal y pimienta molida

ELABORACIÓN

Limpia escrupulosamente los higaditos retirando restos de venitas, grasa e impurezas, y trocéalos en pequeñas porciones.

Aparte, pela y corta la cebolla finamente, y sofríela en aceite a temperatura media junto con el tocino partido en dados muy pequeños hasta que esté tierna y forme una pasta. Añade el tomillo y pimienta, incorpora los higaditos y sube el fuego. Mantenlo 10 minutos sin dejar de remover, riega con el jerez y deja que se evapore. Echa la nata, sazona y espera a que reduzca.

Tritura y rellena un molde apto para el horno, tapa el recipiente y hornea a 185 °C durante 1 hora. Deja enfriar antes de degustarlo.

CARNE DE LENGUA

El paté es el pariente fino, pero hay que reconocer que la casquería no le gusta a todo el mundo. En muchos casos, por su textura, en algunos, por su sabor pronunciado y, en otros, porque nos da la sensación de estar comiendo algo muy especial que no deberíamos comer: sesos, hígado, riñón, pulmón, tripas...

Si nos paramos a pensar, nos da reparo comer todo aquello que es fundamental para la vida: el pulmón con el que respiramos, el corazón con el que se mueve la sangre, la sangre misma, el riñón que nos filtra, el seso de pensar, la lengua...

Contaba mi abuela que había un conde muy rico que vivía en un castillo. Pero su esposa, la condesa, no era feliz; había adelgazado mucho y estaba mustia. A las faldas de la fortaleza, en el pueblo, vivía un campesino casado con una mujer sana, rolliza y alegre. Un día, el conde mandó llamar a su súbdito para preguntarle cuál era su secreto.

—El secreto es que la alimento con carne de lengua.

El conde organizó una gran montería para cazar jabalíes, venados, conejos y cualquier animal que tuviese lengua; mandó a sus criados ir a todas las carnicerías de la región para confiscar lenguas de cerdo, vaca y oveja; y llamó a su cocinero para hornear, freír y asar todas las lenguas almacenadas. Día tras día, los camareros servían a la condesa apetitosos platos elaborados con lengua... pero su salud no mejoró. Al contrario, cada vez estaba más delgada y triste.

Entonces, el conde (que para eso era conde) ordenó un cambio de esposas (lo que hoy sería un *swinger*) y la pareja de campesinos no tuvo más remedio que acceder. Pero el resultado fue desastroso; la campesina empezó a adelgazar junto al conde y se sumió en una profunda tristeza. Mientras tanto, en la aldea, el campesino siguió con su rutina de trabajo y cuando llegaba a casa era considerado con su nueva esposa; después de saludar cariñosamente le contaba cómo había transcurrido el día y se paraba especialmente en las pocas cosas agradables que le pudieran haber sucedido. Ella escuchaba y reía y le pedía que tocara un poco el laúd antes de irse a dormir; siempre se acostaban tarde... y felices. Curiosamente, la condesa empezó a ganar peso, le salieron coloretes y su cara era toda felicidad.

Esto llegó a oídos del conde que, desesperado, ordenó a todos ir a su presencia para aclarar aquel misterio. Y el campesino, la campesina y la condesa le hicieron entender la expresión «carne de lengua».

* Que digo yo que algo más tendría el campesino.
* Y, en cualquier caso, a mí la lengua me da repeluco.

LAS VÍSCERAS CONCENTRAN TODO: DE LO BUENO Y DE LO MALO

Las vísceras son un grupo heterogéneo de alimentos a pesar de que se suele hablar de ellas como uno solo. Como es normal, las propiedades de los sesos son muy diferentes a las de los riñones, los pulmones o el hígado. Sin embargo, a la hora de hablar nutricionalmente de ellas hemos pecado en equipararlas, aunque no tengan nada que ver las unas con las otras.

Las vísceras tenían sentido en épocas de escasez, en las que no siempre había abundancia de alimentos de origen animal, porque gracias a su consumo se podían obtener nutrientes que otros animales tienen en reserva y que no son de tan fácil acceso. Un ejemplo de ello es el repositorio en vitaminas y minerales que representa el hígado. Por eso, en un contexto humilde, donde, además, no había demasiados recursos, era habitual aprovechar todo lo posible las partes de un animal que se acababa de sacrificar. Hoy el consumo de vísceras ha perdido el sentido del momento en el que tenemos una mayor accesibilidad a los alimentos y de un modo especialmente más saludable.

Durante mucho tiempo las recomendaciones nutricionales enfatizaban el consumo de hígado sobre todo por este contenido mineral y de vitaminas. Y es cierto que podemos encontrar gran cantidad de estos nutrientes; no obstante, ciertas vísceras son un vehículo también de metales pesados, ya que algunos de estos órganos ejercen una función de detoxificación en el cuerpo, eliminando de la circulación esas sustancias tóxicas. Es decir, que todos los contaminantes y sustancias que el cuerpo de los animales tiene que metabolizar nos los vamos a encontrar, precisamente, en vísceras como el hígado y los riñones.

La conclusión es que se pueden consumir con seguridad, pues los controles que se hacen de estos productos nos permiten comer seguro, pero teniendo en cuenta que tampoco han de ser un alimento habitual. No solo por el alto contenido de colesterol, como se ha señalado en el pasado, sino también por evitar estas sustancias que encontramos en su composición.

ESPÁRRAGOS BLANCOS AL HORNO CON AJO Y MIEL

PERSONAS
4

DIFICULTAD
BAJA

TIEMPO
40 MIN

REPOSADO
NO

SERVIR DIRECTAMENTE

INGREDIENTES

12 espárragos blancos, gruesos y frescos

2 cucharadas de miel

3 dientes de ajo

1 hoja de laurel

Vinagre

Aceite de oliva

Sal y pimienta molida

ELABORACIÓN

Corta los últimos dos centímetros del tallo de los espárragos y pélalos muy bien, dejando la yema intacta. Lava y escurre.

Disponlos en una bandeja junto con los dientes de ajo con la piel, la hoja de laurel, sal y pimienta, y riega con aceite de oliva. Hornea a 165 °C durante 15-18 minutos, en función del grosor.

Una vez tiernos, pela los ajos y tritúralos con la miel, aceite, sal y unas gotas de vinagre. Sirve los espárragos calientes y acompáñalos con la salsa.

SOY ESPARRAGUERO, EL MEJOR DEL MUNDO

Soy el mejor buscador/cogedor de espárragos del mundo. Y no es de boquilla; me comprometo a ir detrás de cualquiera, por muy bueno que sea, y hacer un manojo con los que él no haya visto. Puede parecer pretencioso por mi parte, pero no lo es. Es la verdad.

Para buscar espárragos hay que tener una visión especial, hay que saber mirar desde diferentes ángulos, hay que saber eliminar hierbas, desenfocar lo superfluo para quedarse con lo esencial: el espárrago. También hay que tener una espalda en condiciones y poco miedo a los arañazos porque, como se suele decir, «gato con guantes no coge espárragos».

A los que cogemos espárragos por los campos de España nos hace mucha gracia cuando nos dicen:

—Pues ayer me comí unos espárragos trigueros silvestres; de los verdes, no de los blancos.

Podría dar muchas lecciones sobre el espárrago —ya digo que soy el mejor del mundo—, pero me voy a quedar con esta: si compras los espárragos en la tienda, no son silvestres. Es más, es muy difícil adquirirlos en algún sitio, porque el esfuerzo de cogerlos se premia con el placer de comerlos. A mí me gusta más cogerlos que comerlos, pero no los vendería nunca.

El espárrago de tienda es sembrado, tanto el blanco como el verde. El primero crece cubierto de tierra y se corta antes de que vea la luz; es una raíz blanca. El verde ha salido fuera y el sol le ha dado calor y color —aquello que nos enseñaron de la clorofila y la fotosíntesis—. El silvestre siempre tiene color porque solo se coge cuando está fuera y se puede ver; es más, hay que cortarlo cuando tiene un tamaño aceptable y conviene dejar los que aún son pequeños. Que crezcan, para cuando vengan otros buscadores que no son los mejores del mundo.

Por cierto, a los buenos buscadores —incluido el mejor del mundo— no nos gusta coger grandes manojos porque eso significa que ha sido tarea fácil, que hemos ido por un campo no pisado por otros, que no hemos tenido competencia. Es más divertido ver pisadas, el terreno movido, alguna cortadura fresca y tener que cambiar la ruta lógica y coger otra, buscar una zona por donde no haya pasado el otro buscador. Jode, y te cagas en to, pero es más divertido. Y si eres el mejor buscador/cogedor del mundo, tampoco es tanto problema. Al final, siempre haces manojo.

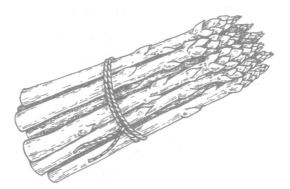

ESPÁRRAGOS: ¿POR QUÉ HUELEN ASÍ?

Probablemente los espárragos son de las verduras que pueden cambiar más el olor y la composición de la orina. Los riñones ejercen una función de filtro y de depuración de muchas sustancias, y a través de la orina se eliminan compuestos que el cuerpo no necesita.

Cuando comemos espárragos acabamos eliminando compuestos volátiles muy notorios para el olfato; hablamos de compuestos azufrados que surgen después de digerir y metabolizar el ácido asparagúsico y derivados de la metilmetionina con azufre, elementos que nos delatan cuando nos hemos tomado un buen revuelto de trigueros o unos deliciosos espárragos blancos.

Por si esto no fuese ya de por sí poco interesante, hay que decir que el olor de los metabolitos que se orinan tras comer espárragos esconden una curiosidad más, y es que no todas las personas son capaces de detectarlos. Existen distintas variantes genéticas que provocan que solo el 40-50% de la población pueda hacerlo.

Esta misma transformación que se observa en la orina también sucede en otros fluidos del cuerpo; de hecho, hay estudios en los que se muestra que la alimentación modifica notablemente el sabor y el olor de la leche materna, el sudor o el semen.

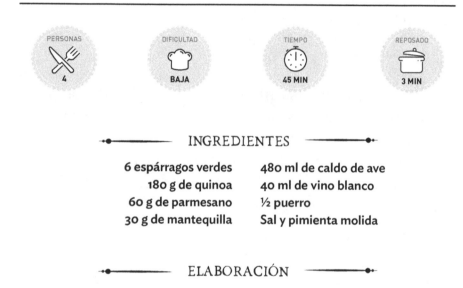

RISOTTO DE QUINOA CON ESPÁRRAGOS

PERSONAS	DIFICULTAD	TIEMPO	REPOSADO
4	BAJA	45 MIN	3 MIN

INGREDIENTES

6 espárragos verdes
180 g de quinoa
60 g de parmesano
30 g de mantequilla

480 ml de caldo de ave
40 ml de vino blanco
½ puerro
Sal y pimienta molida

ELABORACIÓN

Lava y pica finamente el puerro, y rehógalo a fuego medio con la mantequilla.

Aparte, pela los tallos de los espárragos y córtalos en porciones de medio centímetro. Guarda las yemas íntegras.

Lava la quinoa y escurre bien, añade al puerro y deja que se dore ligeramente. Riega con el vino y cocina hasta que se evapore por completo. Cubre con el caldo, sazona y comienza la cocción. Cuando arranque a hervir, reparte los espárragos por encima y cocina unos 10-12 minutos. La quinoa y los espárragos deben quedar al dente.

Ralla el queso y remueve con suavidad para dar un toque meloso y cremoso al plato. Deja que repose unos minutos antes de servir.

RISOTTO DE QUINA Y ESPÁRRAGOS

La cuadrilla de vaqueros entró en el *saloon* con gran estruendo ante la mirada atemorizada de la muchacha. Se acercaron a la barra y pidieron unos vasos de whisky que vaciaron de un trago. Ras. Uno de ellos sacó todas las monedas de su bolsillo, las dejó en la barra con un golpe sonoro y dijo:

—Pon otra, nena, pago yo.

Los niños de ahora no tienen la suerte que tuvimos otros. Se han perdido cosas como los bautizos. Sonaban las campanas y la familia salía de la iglesia con el niño en brazos —o la niña, para que nadie se moleste—:

—Pelóón, pelóón, pelóón —coreábamos.

Al grito de: tacaño, tacaño, el padrino se adelantaba hacia la escalera y lanzaba monedas y caramelos a la chavalería que esperaba abajo. Carreras, codazos, pisotones, rodillas raspadas. Los caramelos estaban bien, pero lo importante eran las monedas:

—Más moneedas, más moneeedas. Tacaño, tacaaño.

Y el padrino jugaba con la masa, amagaba a la izquierda, luego a la derecha, otra vez parecía que a la izquierda, pero lanzaba a la derecha. Más carreras, tropezones, contrapiés, algún llanto, agarrones, la otra rodilla.

—El duro, el duuro, el duuuro.

El duro era lo más. Cogerlo era el premio gordo. Y cogerlo en el aire sin que rodara, al estilo béisbol, en plan atrapada, conllevaba odio y admiración.

Al final, recuento de botín y a la pastelería. La cuadrilla de chavales entraba en el local con gran alboroto y, ante la mirada seria de la dueña, bajaba el tono para pedir unos vasos de quina que vaciaban de un trago al estilo de los vaqueros. Ras —tos de alguno—. Los que se habían llevado mejor parte, uno o dos, pagaban su ronda:

—Nos pone otra, por favor.

Y luego se juntaba lo de todos para la última. El caso es que caían tres o cuatro quinas Santa Catalina, «que daba unas ganas de comeeeeer».

Los padres lo permitían porque abría el apetito, lo aconsejaban los médicos, se anunciaba en la tele, «es medicina y es golosina», decía el eslogan, y en la foto salía una santa... ¡Había que tomar quina! Lo que no entiendo es cómo nadie se daba cuenta de que tenía quince grados de alcohol y de que los niños volvíamos borrachos a casa.

ANOTACIÓN DE AHORA MISMO. Me acaba de decir Sergio que me he equivocado, que la receta no es de quina, sino de quinoa —ya me extrañaba a mí lo del risotto y la mezcla con los espárragos—. Pero esto ya está escrito, no voy a empezar otra vez y, además, ni sé lo que es la quinoa. Me parece que es una de esas cosas raras que come Aitor.

LA QUINOA. ¿ES UN SUPERALIMENTO?

Hace diez años habría sido impensable encontrar quinoa en un recetario de batalla, y, sin embargo, en poco tiempo se ha convertido en un alimento que ya no nos suena tan ajeno y que tenemos muy presente, especialmente, en algunos restaurantes. Los supermercados han dejado de ofrecer solo quinoa para facilitarnos toda una gama entera: quinoa blanca, quinoa roja, vasitos de quinoa precocidos y platos preparados que incorporan este pseudocereal. Parece que el único debate que tenemos ahora es cómo pronunciarla: quinoa o quinua.

Con la quinoa ha pasado lo que con muchos productos exóticos que se importan de otros continentes: los rodea un halo de salud sobre el que se construye toda esta promoción inicial que intenta popularizarlos nada más llegar.

Y es completamente cierto que alrededor de estos alimentos que se exaltan con propiedades magníficas muchas veces descubrimos cualidades interesantes. En el propio ejemplo de la quinoa encontramos un producto más completo que los cereales convencionales, con mayor cantidad de fibra y proteína, más vitaminas y minerales, y, por si fuera poco, sin gluten, aspecto que en el mundo de los cereales es muy valorado.

Pero nada mejor que una comparativa para poner las cosas en orden. Cualquier legumbre tiene más cantidad de proteína que la quinoa. Unas simples lentejas o unos garbanzos son más ricos en proteína y, además, mantienen esos mismos reclamos con la fibra, vitaminas y minerales.

Disfrutemos de la quinoa porque es una genial alternativa que ha venido a enriquecer nuestros platos, pero también teniendo en cuenta qué alimentos vulgares de toda la vida pueden ser todavía incluso más completos, solo que no se disfrazan a sí mismos de superalimentos.

Por cierto, desde hace unos años hay producción nacional de quinoa, ya no solo hay que importarla, tenemos en el valle del Guadalquivir.

GUISANTES CON JAMÓN Y CEBOLLITAS GLASEADAS

PERSONAS
4

DIFICULTAD
BAJA

TIEMPO
40 MIN

REPOSADO
NO

SERVIR DIRECTAMENTE

INGREDIENTES

600 g de guisantes limpios (congelados o frescos)
60 g de jamón curado
60 g de beicon ahumado
30 g de azúcar
20 g de mantequilla

½ vaso de vino blanco
12 cebollitas francesas
4 hojas de menta fresca
3 dientes de ajo
Aceite de oliva
Sal y pimienta molida

ELABORACIÓN

Cuece los guisantes en agua hirviendo con sal durante 5 minutos. Escurre y refréscalos en agua fría, y reserva.

Pela las cebollitas francesas e imprégnalas con la mantequilla. Cocínalas en una sartén pequeña a fuego lento con el recipiente tapado. Cuando se empiecen a ablandar, reparte el azúcar por encima y destapa. Sube ligeramente el fuego hasta que queden tiernas y algo doradas.

Aparte, sofríe con un poco de aceite los ajos picados muy finos. Cuando tomen color, agrega un picadillo de jamón y de beicon, y deja que se doren bien. Añade los guisantes y la menta troceada, y riega con el vino. Sigue cocinando hasta que se evapore por completo el alcohol. Salpimienta y pon las cebollitas por encima. Sirve caliente.

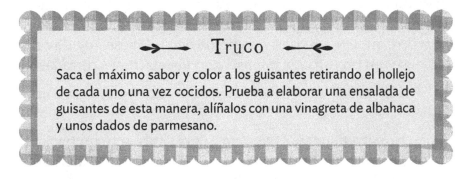

Truco

Saca el máximo sabor y color a los guisantes retirando el hollejo de cada uno una vez cocidos. Prueba a elaborar una ensalada de guisantes de esta manera, alíñalos con una vinagreta de albahaca y unos dados de parmesano.

EL SEMÁFORO IBÉRICO

Hay cuatro denominaciones de origen del jamón ibérico: Los Pedroches, Huelva, Dehesa de Extremadura y Guijuelo —la más antigua, creada en 1984—.

Con el cerdo ha pasado como con el aceite y el vino, que siendo productos muy nuestros siempre nos hemos hecho un lío a la hora de clasificarlos y el consumidor anda perdido. Últimamente, las cosas se van aclarando.

Razas de cerdo hay muchas. Tenemos incluso curiosidades como la del cerdo de compañía vietnamita que se comporta como un perro, o el último en llegar: el cerdoveja —un cerdo con lanas que vino de Hungría—. Pero aquí nos vamos a quedar con el ibérico, porque lo que queremos es evitar el fraude y que nos den cerdogato por cerdoliebre —el cerdoveja ya está detectado—.

Cuando vamos a comprar un jamón del bueno, además de la etiqueta del fabricante, la etiqueta de trazabilidad y un mapa que suele ir sellado en la piel, tenemos que fijarnos en la etiqueta de colores que nos va a decir su pureza racial y el tipo de alimentación que ha tenido el bicho. Para ello es necesario saber, previamente, que hay tres niveles de raza ibérica: 100% (padre y madre ibéricos 100%), 75% (madre ibérica 100% y padre ibérico 50%) y 50% (madre ibérica 100% y padre duroc americano 100%). Y también hay tres tipos de alimentación: de bellota —bellota, hierba y otros recursos de la dehesa—, de cebo de campo —piensos y recursos de la dehesa— y de cebo —piensos en producción intensiva en instalaciones cerradas—.

Así las cosas, las etiquetas pueden ser negra, roja, verde o blanca.

Si la pieza tiene una etiqueta negra estás ante un pata negra de los de verdad, ante un jamón de bellota 100% ibérico. Si es roja también estás ante un ibérico de bellota, pero no tiene un 100% de pureza, sino el 75 o el 50%. La verde es la de los jamones de cebo de campo ibérico, que se han alimentado al aire libre con recursos del campo y piensos compuestos de cereales y leguminosas; podrían ser 100%, pero lo normal es que tengan un pedigrí del 75 o el 50%. La blanca no engaña, es la de menor rango del ibérico: cerdo alimentado en instalaciones cerradas con piensos de cereales y leguminosas y normalmente con un 50% de pureza racial.

Dicho todo esto, ahora entiendo por qué la gente se salta los semáforos.

GUISANTES, ENTRE DOS TIERRAS: ¿LEGUMBRE O VERDURA?

Hay discusiones que salen a la luz con frecuencia cuando mezclamos el vocabulario culinario con las clasificaciones botánicas: ¿será esto un fruto?, ¿y una hortaliza?

Es posible que hayas escuchado alguna vez frases como que el tomate no es una verdura, en realidad es un fruto; o esta otra: los cacahuetes no son frutos secos, son legumbres. Las dos tienen parte de razón, aunque hay que reconocer que tienen razón desde un punto de vista técnico.

Lo mismo podríamos aplicar a los guisantes, que al venir en una vaina pertenecen a la familia de las leguminosas. Estamos, por tanto, ante una legumbre. ¿Por qué hablamos entonces de ellos como si fueran verdura? Solo porque sus propiedades nutricionales se parecen mucho más a ellas; al fin y al cabo, también en cocina los usamos como si fuesen verdura, sobre todo en cremas, guisos o guarniciones.

El motivo principal de que esto sea así es porque los guisantes los solemos tomar tiernos, cuando esa legumbre está verde, sucede igual con las judías (verdes). Eso hace que su contenido de agua sea mucho mayor y que no le haya dado tiempo a concentrar tantos nutrientes. Si lo pensamos, cuando hablamos de una legumbre nos solemos referir siempre a las semillas de las leguminosas, pero ya secas —garbanzos, lentejas, alubias...—.

Ahora ya sabes que los guisantes están a medio camino entre las legumbres y las verduras, y los puedes utilizar como prefieras en tu menú. Para que no haya discusiones, todo el mundo tiene razón: los guisantes pueden ser verdura con algo más de proteína o una legumbre no tan concentrada. De lo que no hay duda es de que son un alimento fantástico y saludable.

KALE A LA CREMA CON PIÑONES

PERSONAS
4

DIFICULTAD
BAJA

TIEMPO
30 MIN

REPOSADO
NO

SERVIR DIRECTAMENTE

INGREDIENTES

800 g de kale
40 g de queso cheddar
20 g de piñones
1 vaso de caldo de ave
1 vaso de leche
1 cucharada de harina

1 cebolla
½ puerro
Nuez moscada
Aceite de oliva
Sal y pimienta molida

ELABORACIÓN

Lava el kale, córtalo en tiras finas, disponlas sobre la vaporera y cuece al vapor durante 15 minutos.

Aparte, rehoga lentamente la cebolla y el puerro picados muy finos con el recipiente tapado. Una vez tiernos, agrega los piñones y la cucharada de harina. Vierte el caldo y la leche, sazona con sal, pimienta y nuez moscada, y deja que reduzca.

Mezcla el kale con la crema y sirve bien caliente.

NANO

Nosotros íbamos más a la planta de arriba que a la de abajo.
Se subían las escaleras y estaba el puesto de verduras, allí, so-
lito. Luego entrabas a la derecha y había una gran parada de
patatas, solo patatas, y, aunque a los jóvenes de hoy les pueda
sorprender, eran todas iguales. Las había volcado el camión en
la puerta y los hombres las habían subido en unos sacos que se
ponían a la espalda y se sujetaban en la cabeza formando una
especie de capucha. Eran patatas que servían para todo. No
las había para freír, para cocer, lavadas, nuevas, francesas...
Tonterías, las justas. Más allá estaban los puestos de fruta.

A la izquierda teníamos a nuestro pollero —«ponme unas
patas de gallina para caldo»—, enfrente estaba la pescadería
—«me das medio kilo de boquerones»— y luego, más allá, otra
pescadería, el carnicero —«¿tienes hígado?»—, la charcutería
—«me pone cuarto y mitad»—, la casquería —«¡puaj!»— y los
encurtidos, donde se te hacía la boca agua al pasar —espera,
que me está viniendo el nombre de las aceitunas que le gustaban a mi padre... «¡Dame doscientos de machacamoya!»—.

Volvemos atrás, porque quiero quedarme en el puesto de
verduras. Entrabas al mercado y, desde abajo, ya veías a Nano.

Aunque vendía acelgas y coliflores, a mí me caía muy bien porque siempre sonreía y te decía algo y, además, no pegaba ni en aquel tiempo ni detrás de aquel mostrador. Era educado, joven, rubio, bien peinado, simpático y le guiñaba el ojo a mi madre. Nunca entendí por qué no se iba a hacer películas con Marisol.

Siempre estaba cortando verdura para sopa. Allí no había nada que te gustara mucho, pero hacía la zanahoria tan cuadradita, igual que el nabo, quitaba las hebras al apio, las hojas de repollo finitas... Luego lo mezclaba todo en un gran barreño y hacía bolsas de medio kilo.

A mí me gustaba parar allí, aunque el resultado fuera cenar sopa de verdura. Eran mi decorado y mi actor favorito en el mercado de San Fernando. Nano era capaz de vender hasta lo que no existía aún.

—Hola, Nano, ¿me das un manojo de kale?

—Claro que sí, es un gran superalimento, Mari —guiño de ojo—.

Y te llevabas a casa una buena berza.

KALE. ¡QUÉ BERZA MÁS POPULAR!

El kale es el vivo ejemplo de cómo un alimento vulgar y de toda la vida se puede reconvertir gracias al *marketing* y la comunicación en un superalimento. Aunque parezca novedoso y nos lo pinten a veces como un proyecto de diseño inteligente recién descubierto, el kale es una berza o col rizada que nos lleva acompañando décadas. El hecho de que se haya puesto tan de moda responde, especialmente, a que es un producto con alta densidad nutricional. Esto quiere decir que aporta muchos nutrientes y, además, sin que tenga kilocalorías asociadas —al fin y al cabo es una verdura—.

Es, por tanto, un alimento que esconde una interesantísima cantidad de vitamina A, potasio, vitamina C y, sobre todo, calcio. Este último aspecto es destacable, ya que es una de las mayores fuentes de calcio vegetal —hay muy pocos alimentos con este origen que estén a su altura—.

Esta información se ha explotado a la vez que la época y la moda de las ensaladas a la hora de comer ligero, en los restaurantes y cadenas de comida de entornos laborales donde se busca una ingesta no tan contundente como el tradicional menú del día. Es común encontrar en las grandes ciudades ensaladas de kale o incluso algún batido verde en el que lo incluyen para enriquecerlo todavía más.

Estamos ante el redescubrimiento de un alimento al que quizás se le ha puesto en un pedestal llamándolo superalimento, pero como decimos siempre, estos no existen, aunque sí los alimentos muy interesantes. El kale es, sin duda, uno de ellos.

CREMA SUAVE DE CANGREJOS DE RÍO

PERSONAS	DIFICULTAD	TIEMPO	REPOSADO
4	BAJA	45 MIN	NO

SERVIR DIRECTAMENTE

INGREDIENTES

400 g de cangrejos de río
30 g de arroz
1,5 l de fumet suave
100 ml de nata
50 ml de brandi
1 zanahoria
1 tomate

½ puerro
Hojas de apio
Laurel
Tomillo
Aceite de oliva
Sal

ELABORACIÓN

Saltea los cangrejos en una sartén, separa las cabezas y reserva las colas.

Pica finamente la zanahoria, el puerro y unas hojas de apio, y rehoga todo a fuego medio con algo de aceite, tomillo y laurel. Agrega las cabezas al sofrito y mantén un par de minutos al fuego. Riega con el brandi, sube el fuego y deja flambear. Incorpora el tomate pelado y picado, sofríe unos minutos. Añade el fumet y el arroz, y cuece hasta que el grano esté totalmente deshecho.

Retira el laurel y el tomillo, tritura y cuela varias veces. Añade la nata y comprueba el punto de sal. Sirve caliente y decora por encima con un picadillo de la carne de cangrejo.

→ Truco ←

Dentro de la gran familia de los elementos de ligazón, es decir, de los espesantes naturales para conseguir densidad en los guisos, salsas y cremas, puedes jugar con un amplio abanico como son el huevo, la yema y la clara por separado, la nata líquida, la patata, harinas en general o el arroz que, una vez pasado de cocción y triturado, aporta textura sin robar sabor. Existe una elaboración llamada Beurre manié, que consiste en mezclar algo de mantequilla con una pizca de harina. Se trabaja bien el conjunto, se enfría y se añade justo al final del cocinado para espesarlo y darle brillo.

LA RESISTENCIA DEL CANGREJO

Yo fui alguna vez a coger cangrejos de río con mi padre. Poníamos los reteles en el agua y mirábamos de cuando en cuando para ver si se habían metido en la trampa. El retel es una red metálica que se deja caer al agua con un cebo de carne o de pescado para que entre el cangrejo y, mientras se da el festín, es izado por el pescador y capturado. Una muerte muy tonta. Todos los cangrejos lo piensan durante la violenta ascensión: «Si ya decía yo: qué pinta aquí, en el fondo del río, un trozo de pollo».

La verdad es que no sé si cogíamos del bueno o del malo, del nuestro o del americano. El nuestro es el cangrejo común, de patas blancas o *Austropotamobius pallipes*, que poblaba casi todos los arroyos y ríos del país. Pero en los años setenta llegó la pandemia de la afanomicosis, que es un hongo introducido por especies extranjeras, y lo fulminó. En aquella época se introdujo el cangrejo americano y la ONU entera: llegó primero el rojo americano —*Procambarus clarkii*—, luego el cangrejo señal americano —*Pacifastacus leniusculus*—, más tarde el australiano yabbie —*Cherax destructor*—, se sumó el cangrejo turco —*Astacus leptodactylus*— y, para rematar, el chino —*Eriocheir sinensis*—. Los cangrejos españoles que quedan hoy son de una resistencia más gorda que la que hubo en Francia o en *Terminator* —peliculón, por cierto—.

En cualquier caso, los viejos del lugar, de cualquier lugar de este país, tienen una frase:

—El cangrejo de ahora, el americano ese, no tiene nada de carne, no vale para nada; el bueno era el nuestro.

Así es que, si encuentras un cangrejo en el río, no lo cojas, porque puede ser uno de los nuestros. Y si es un pequeño e insípido bogavante americano tampoco, porque hay otra frase en la que todo el mundo coincide:

—Lo bueno del cangrejo es la salsa, el picantito ese.

CANGREJOS, QUE NO TE ENGAÑEN

El marisco en ocasiones se utiliza como reclamo de algunas preparaciones como cremas, ensaladillas, croquetas o sopas, pero por desgracia no siempre está en una proporción reseñable. Y digo por desgracia porque es el señuelo que aumenta el precio de ese producto y que, además, suele ser sustituido por otros elementos menos saludables.

Esta práctica alcanza niveles escandalosos sobre todo en preparados comerciales que encontramos en grandes superficies. De hecho, tenemos una famosa crema de bogavante de una marca de referencia que contiene menos del 1% de bogavante en la receta. ¿Ya sabes a lo que me refiero con lo de engaño y reclamo para subir el precio?

Esta terminología también se ha utilizado en el nombre comercial de algunos productos que ha cambiado con el tiempo. ¿Te acuerdas de los muslitos de mar que tenían una pequeña pinza de cangrejo al final del rebozado? Pues era de lo poco de cangrejo que había en su composición. Lo mismo podemos decir de los famosos palitos de cangrejo que, además, han tenido que cambiar su terminología a palitos de mar porque algunos ni siquiera llevaban cangrejo. Lo que se utilizaba en su caso era el surimi, una pasta elaborada a partir de proteína de pescado —de las partes que no se consiguen filetear— mezclándola con azúcar, harina y otros productos para darle forma y sabor.

Ya sabes, siempre que se utiliza el reclamo del marisco, comprueba sus ingredientes para que salga una receta tan buena como la que plantea Sergio.

SOPA DE GARCÍA

Hola, soy yo. Vamos a jugar al mundo al revés. Me han pedido que haga una receta y te pongo una de aprovechamiento que suelo hacer cuando, antes, hemos comido mejillones al vapor. Podría haber elegido algo más sofisticado, pero prefiero «una de las mías». Además, se puede ampliar con todo lo que tengas por la nevera y encaje en sabor, y reducible por todos los ingredientes que no tengas.

PERSONAS

4 PERSONAS, PERO MEJOR QUE SOBRE

DIFICULTAD

SI TE DIGO MUCHA, MENTIRÍA

TIEMPO

NUNCA LO HE CALCULADO

REPOSADO

UN PELÍN, QUE NO TE QUEME LA LENGUA

INGREDIENTES

Sobras de mejillones y su caldo

Algunas gambitas
(siempre es bueno tener unas arroceras congeladas)

Un trocillo de pescado
(de sobras o fresco)

Lo que se te ocurra
(puerro, calabacín, fideos, fideos de arroz...)

1 vasito de vino blanco

4 o 5 setas shiitake

1 cebolla

1 zanahoria

1 pimiento

Un trozo de jengibre

Aceite de oliva

Sal y pimienta

Tienes los mejillones que sobraron del día anterior y su caldito. Puedes jugar a dejar algunos con las dos valvas, otros con una y otros sin ninguna. Depende de los que tengas. Recuerda que es una sopa y no conviene que haya mucho cascajo.

Pica la zanahoria en juliana muy (muy) fina. Pica también la cebolla en juliana (puede ser morada, que hace más colorín). Y haz lo mismo con el resto: pimiento, setas...

Corta el jengibre en dos o tres trozos del tamaño de una cereza (por decir algo).

Como ves, soy de los que prepara los ingredientes antes de encender el fuego. Ten listo el vino, el aceite, sal y pimienta.

Pon la cacerola con una base de aceite y sofríe el pescado en trozos (si está ya elaborado, no es necesario) y retira. Sofríe las gambas, retira y guarda.

Echa en el mismo aceite las verduras en orden de dureza: zanahoria, pimiento, cebolla, seta... Salpimienta. Pon ahora el vino y deja que reduzca.

Vierte el caldo de los mejillones, algo más de agua y los trozos de jengibre y cuece unos 10-15 minutos. Incorpora después las gambas, el pescado y los mejillones, y cocina otros 5 minutos más.

En este último paso hay varias opciones. Si hay densidad de ingredientes como para ir llenando la cucharada, lo dejas así. Si no hay mucho material, puedes agregar unos fideos finos o unos de arroz.

Antes de servir, retira los trozos de jengibre (salvo que te haga gracia ver pasar un mal rato a alguien).

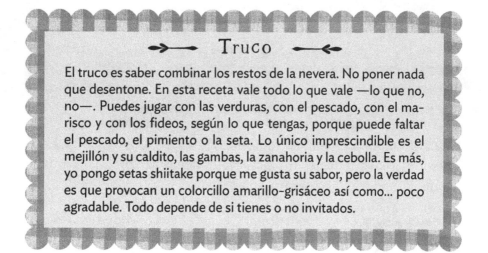

Truco

El truco es saber combinar los restos de la nevera. No poner nada que desentone. En esta receta vale todo lo que vale —lo que no, no—. Puedes jugar con las verduras, con el pescado, con el marisco y con los fideos, según lo que tengas, porque puede faltar el pescado, el pimiento o la seta. Lo único imprescindible es el mejillón y su caldito, las gambas, la zanahoria y la cebolla. Es más, yo pongo setas shiitake porque me gusta su sabor, pero la verdad es que provocan un colorcillo amarillo-grisáceo así como... poco agradable. Todo depende de si tienes o no invitados.

NOTA. Y ahora es el momento de que Sergio Fernández escriba un texto contándonos la historia del mejillón, o explicando de dónde viene el jengibre, o por qué la seta shiitake se llama shiitake. Te toca, majete.

EL CONSEJO DE SERGIO SOBRE SOPA DE GARCÍA

García el valiente o el osado o el cocinillas, y es que parece que se va animando a cocinar y hasta se ha lanzado a escribir su receta preferida.

Pensé que tendría que rectificar cada uno de los pasos, pero cuál es mi sorpresa que este chico está aprendiendo más de lo que creía. Para empezar, eso de retirar los pescados y mariscos una vez sellados está muy bien, dejando el sabor base al inicio de la receta, pero manteniendo el punto correcto de cocinado de los mismos. Las hortalizas, siempre por orden de dureza. Otra cosa que se aplica muy bien aquí, imagina si empezamos por las más tiernas.

Pero lo mejor es tener los ingredientes ya cortados justo antes de empezar a cocinar para conseguir los mejores resultados. Esta técnica la deberíamos aplicar con todas las recetas, aunque parezca una pérdida de tiempo, al final nos ahorra disgustos. Pues ¿cuántas veces se nos ha quemado un alimento por no tener el siguiente troceado o preparado?

JENGIBRE.
PROPIEDADES OCULTAS BAJO TIERRA

Tal y como hemos visto con la cúrcuma, el jengibre es otra de esas especias con nombre propio y con gran popularidad en cuanto a propiedades nutricionales. Una de las más reconocidas es la de antiemético; es decir, como prevención de vómitos y náuseas. Antiguamente también tenía una función muy reconocida —aunque ya no se usa tanto por ello—, hablamos de su papel a la hora de combatir los microorganismos que estropeaban la comida, con lo que esa función originaria que tenían las especias de conservante ha sido crucial.

Al igual que sucede con la canela, es una buena herramienta en la reducción de la glucosa sanguínea y en la mejora de la sensibilidad a la insulina. Utilizar jengibre en algunas infusiones sin azúcar puede ayudarnos a bajar ligeramente sus niveles, por supuesto siempre sin sustituir a una alimentación saludable.

Si tuviéramos que destacar algo más sobre esta especia, sería también su capacidad antiinflamatoria, que se puede utilizar como ayuda ergogénica en algunos deportes o patologías que cursen con inflamación.

Aunque se ha añadido a muchas infusiones y platos, su uso se ha disparado con la popularización del sushi y otras recetas orientales. Ya no es raro encontrar jengibre en las cocinas, incluso fresco, para rallar o usar láminas.

Con esta colección de propiedades no es extraño que durante los últimos cinco años se haya convertido en uno de los alimentos estrella en la dietoterapia.

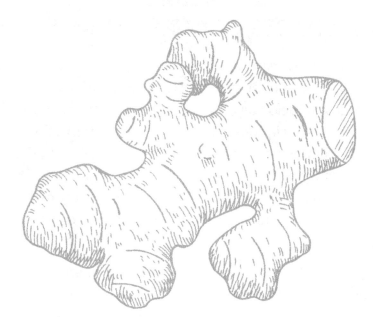

EMPANADILLAS DE BONIATO Y CECINA

PERSONAS
4

DIFICULTAD
BAJA

TIEMPO
45 MIN

REPOSADO
NO

SERVIR DIRECTAMENTE

INGREDIENTES

16 obleas de empanadillas
200 g de cecina
75 g de azúcar

2 boniatos
1 huevo
Aceite de oliva

ELABORACIÓN

Pon a calentar agua y añade el azúcar. Incorpora los boniatos pelados y cortados en dados pequeños, y cuécelos hasta que estén tiernos. Luego, machácalos con un tenedor hasta obtener una pasta densa y dulce.

Extiende las obleas sobre la encimera y reparte sobre cada una un poco de pasta y picadillo de cecina.

Pinta con huevo batido los bordes de la oblea y sella bien la empanadilla con un tenedor. Fríelas en aceite caliente hasta que estén doradas o si lo prefieres precalienta el horno a 200 °C, pinta con huevo las empanadillas y hornéalas hasta que tengan un bonito color y estén crujientes.

EMPANADA/EMPANADILLA

¿Es lo mismo una empanada que una empanadilla? Lo que voy a decir puede parecer una tontería, pero es que siempre hace falta alguien que diga las cosas: una empanadilla es como una empanada, pero con -illa.

En todas las culturas existe la costumbre de hacer pan con cosas. Cualquier tipo de pan con cualquier tipo de cosa. Las modalidades pueden ser: cosas sobre el pan —coca, tosta, pizza, focaccia...—, cosas entre pan y pan —bocadillo, hamburguesa, sándwich, kebab...— y cosas dentro del pan —preñao, calzone, formatjada, empanada, empanadilla...—.

En primer lugar, es bueno saber que la empanada se hizo popular en España en la época de las invasiones árabes. Ellos nos iban quitando tierras y fastidiaba un poco pero, a la vez, aprendíamos platos de cocina —los que iban quedando vivos, claro—. Pero hay que decir que ya comían cosas parecidas los griegos y los persas. Como digo, es poner pan con cosas; lo harían hasta los etruscos.

Las empanadas se pueden hacer de casi todo, como las croquetas, pero son buenas las que están hechas con cabeza o de buena fe. Y digo esto porque hubo un tiempo en que la empanada era una forma de transportar alimentos: se cogían cosas para el relleno, se hacía la empanada y se iba vendiendo por las calles. Esta costumbre las puso en peligro de extinción porque había mucho desaprensivo que metía «de todo» —sin el casi— y «en cualquier estado» —hasta el mal estado— y, a menudo, al abrirlas se convertían en «empanadas sorpresa» como los huevos. En la empanada te podían tocar bichos que no había ni que montar.

Hablando de cosas de niños, vamos a la empanadilla. Es una empanada pequeñita, más manejable y que, como los quesitos, se toma en porciones. La diferencia con la empanada es el tamaño —evidente— y el cocinado —la empanada se hornea y la empanadilla se suele freír—. Ese frito tiene una pega: la racanería. Si el chef es del puño *apretao*, acabas con empacho de masa frita y comes poca cosa. No es el caso del cocinero de este libro.

De todas maneras, la verdad es la verdad, y hay que decirla: si quieres comer las mejores empanadillas, tienes que ir a Móstoles, a casa «Encanna».

NOTA. La historia dice que la empanada se conocía en Grecia y en Persia. Lo de los etruscos me lo he inventado yo porque siempre me ha hecho mucha gracia lo de etrusco; la palabra en sí: e-trus-co. Cuando dices etrusco, se te llena la boca. Tú dices etrusco y puede parecer que estás insultando o que hablas de alguien muy inteligente: eres un etrusco. La verdad, a mí me hubiera gustado mucho ser etrusco. O jíbaro. Jíbaro también.

¿EXISTE LA FRITURA PERFECTA?

Hemos escuchado hasta la saciedad que hay que consumir menos fritos y que las frituras no son recomendables por la cantidad de aceite que tienen. Debemos aclarar que esto es cierto, pero que el mayor problema para la salud no es la cantidad que consumamos. Ingerir aceite frito y en un alimento que se ha sometido a mucha temperatura no es igual de saludable que tomarlo en crudo como, por ejemplo, en una ensalada.

Cuando sometemos al aceite a altas temperaturas empieza a perder estabilidad y propiedades saludables, y aparecen compuestos perjudiciales para la salud. Por este mismo motivo es importante no reutilizarlo muchas veces y usar uno que sea estable para las frituras, como el de oliva.

También es imprescindible que prestemos atención a que no haya pequeños trozos sólidos que se estén acumulando en el aceite. Es muy típico que queden partes de rebozados o de empanados, incluso algún cacho de masa o de empanadilla que se haya quedado por ahí flotando.

Si no retiramos estos sólidos, van a empezar a recibir fritura tras fritura, y al ser elementos ricos en hidratos de carbono —lo normal es que sea de pan o algo de masa— se van a «carbonizar» poco a poco. En esos casos aparece un compuesto llamado acrilamida en concentraciones muy altas. De ahí que no se recomiende tomar alimentos muy tostados.

También es fundamental prestar atención a la temperatura del aceite y a las proporciones de los alimentos que incluimos. Una buena fritura tiene que ser rápida para que genere cobertura por fuera y quede una empanadilla, por ejemplo, crujiente.

Si el aceite no está a la temperatura que recomienda Sergio, el producto absorberá una cantidad excesiva del mismo. Esto también puede pasar si ponemos demasiada cantidad de alimento de golpe a la freidora, ya que bajará la temperatura y se verá incapaz de freír todo eso a la vez.

En nuestra alimentación puede haber sin problemas espacio para las frituras y para tomar platos, eventualmente, como las empanadillas, sobre todo si utilizamos un buen aceite, lo reutilizamos con cuidado y hacemos una correcta fritura.

DE SEGUNDO

EMPANADA DE CEBOLLA CARAMELIZADA Y SOLOMILLO

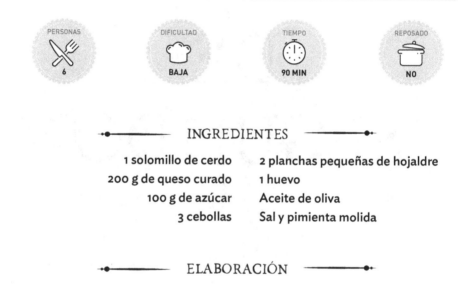

PERSONAS	DIFICULTAD	TIEMPO	REPOSADO
6	BAJA	90 MIN	NO

INGREDIENTES

1 solomillo de cerdo

200 g de queso curado

100 g de azúcar

3 cebollas

2 planchas pequeñas de hojaldre

1 huevo

Aceite de oliva

Sal y pimienta molida

ELABORACIÓN

Pela las cebollas y córtalas en juliana fina. Ponlas a pochar en aceite, sazona con una pizca de sal y tapa. Mantenlas a fuego lento hasta que estén tiernas y casi parezca una pasta. Sube el fuego, agrega el azúcar y deja que caramelicen.

Corta el solomillo en rodajas de un centímetro y marca ligeramente en la sartén. Retira y reserva.

Extiende una plancha de hojaldre, pon encima una base de cebolla caramelizada y reparte la carne sobre esta. Termina con el queso cortado en finas lonchas. Cierra la empanada, pincha con un tenedor y pinta con huevo batido. Hornea a 190 °C hasta que quede crujiente y dorada. La puedes servir caliente o templada.

UNA EMPANADA DE MUERTE

Las cajas de las empanadas —cuadradas, blancas y con un círculo cubierto con un plástico transparente en la parte superior— siempre me recuerdan la mortaja de mi abuela.

Todos los años, al llegar al pueblo en el coche de línea, mi abuela nos recibía en la parada de El Garaje con un carrillo para llevar las maletas, aquellas que se ataban con un cinturón. Cuando llegábamos a la casa, con el suelo de cal recién pintado para nosotros, las paredes también blancas y el techo con sus vigas de madera, dejábamos el equipaje a mis padres y la abuela nos llevaba a su habitación.

—Venid, niños, ya sabéis que la mortaja está en esta caja, por si me muero en estos días.

—¡Madre, no les estará enseñando a los chicos la mortaja otra vez! —se oía desde la otra habitación.

Pero ella sacaba aquella caja de la empanada, atada con una cuerda fina y empezaba:

—Este es el hábito, mirad qué bonito —era blanco con encajes en el pecho—, aquí tengo el pañuelo para atarme la cabeza —también blanco—, estas zapatillas son para no pasar frío en los pies —blancas y cómodas—, las bragas —blancas— y los lazos para que me juntéis las manitas —estos eran rosas—. Ya sabéis, aquí dejo la caja; por si acaso.

Nunca, jamás de los jamases, se me pasó por la cabeza la más mínima, minimísima, idea de abrir la caja. No es que no me atreviera, es que ni se me ocurría. El ritual solo se hacía con ella.

La última vez que vi aquella ropa la llevaba puesta. Toda de blanco, con las manitas atadas con el lazo rosa. Creo que le gustaba cómo había quedado, porque sonreía.

Lo que no volví a ver más fue la caja. Es una tontería, pero me acuerdo de ella cuando compro empanada. No me pasa con la del roscón porque suele ser más alargada. Podría ser la de la ensaimada o la de la tarta de Santiago, pero tampoco; son más bajitas.

EMPANADA.
VERSIONES PARA TODOS LOS GUSTOS

Hay recetas que son un auténtico salvavidas a la hora de gestionar los excedentes de la cocina y de luchar contra el desperdicio alimentario. Algunos ejemplos son los pistos, las lasañas, los canelones, las croquetas y, por supuesto, las empanadas.

En nutrición utilizamos este tipo de platos con una intencionalidad doble: por un lado, introducir alimentos saludables que pueden ser conflictivos en una etapa determinada y de los que queremos aumentar su consumo —puede ser el caso de una empanada rellena de verduras, de pescado o incluso de legumbres—. Por otro, incluir nutrientes de interés en poco volumen de ingesta, lo que los hace especialmente interesantes para personas que buscan ganar peso con ingredientes sanos o para casos en los que se quiera incluir mucha densidad nutricional para que un paciente no se nos desnutra.

Al igual que sucede con otras recetas de masa —como las pizzas—, el límite está en la imaginación y el horizonte está en nuestros objetivos. Hay empanadas tan diversas que incluyen marisco, las más clásicas llevan un poco de pisto y hay algunos ejemplos contundentes como esta receta de Sergio.

Si quieres experimentar y tener una variante un poco más exótica, prueba una versión con legumbres o con carne picada y añade comino. Esta receta, a la que se le da forma de empanada o empanadillas, en muchos países árabes se conoce como fatay.

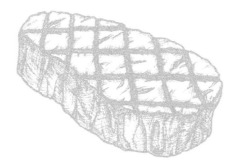

HUEVOS DE CODORNIZ A LA CREMA DE QUESO CURADO

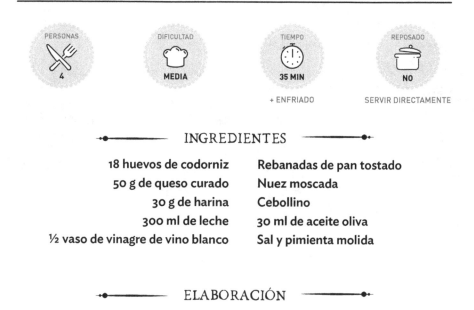

PERSONAS	DIFICULTAD	TIEMPO	REPOSADO
4	MEDIA	35 MIN	NO
		+ ENFRIADO	SERVIR DIRECTAMENTE

INGREDIENTES

18 huevos de codorniz
50 g de queso curado
30 g de harina
300 ml de leche
½ vaso de vinagre de vino blanco

Rebanadas de pan tostado
Nuez moscada
Cebollino
30 ml de aceite oliva
Sal y pimienta molida

ELABORACIÓN

Echa el vinagre en un bol pequeño, casca los huevos dentro y deja que reposen durante 8 minutos.

Aparte, calienta agua con sal hasta que esté a punto de hervir. Retira con sumo cuidado la mayor cantidad posible de vinagre de los huevos. Con la ayuda de unas varillas, remueve el agua con un movimiento circular. Saca las varillas y añade los huevos. Mantenlos aquí durante 45 segundos. Deben quedar cuajados por fuera y semilíquidos por dentro. Sácalos con una espumadera y sumérgelos en otro bol de agua fría. Déjalos reposar.

Mientras, rehoga la harina en el aceite, vierte la leche y, sin dejar de remover, agrega el queso rallado, salpimienta y sazona con una pizca de nuez moscada. Una vez que la salsa esté espesa, retira del fuego.

Escurre los huevos y repártelos sobre las rebanadas de pan. Salsea con la crema de queso y gratínalas. Decora con cebollino picado y sirve caliente.

➤— ✦ —← Truco ➤— ✦ —←

Los huevos sumergidos en vinagre se cocinarán ligeramente por fuera y quedarán esferificados antes de su cocinado final. Es importante que los reserves en agua fría tras la cocción para quitarles el aroma a vinagre.

MANDA HUEVOS

Los huevos, como plato, acaban siendo fritos, pero siempre empiezan en revuelto, hasta que uno aprende a no romperlos. Algún restaurador fue más listo, de entrada los hizo rotos y, para descolocar al personal, cobra una pasta.

La verdad es que un huevecito le va bien a todo: escalfado en una sopa, cocido en la ensalada, hilado en el canapé, batido en la mayonesa, como ingrediente en los dulces... Es imprescindible en la cocina internacional. Por eso tiene su día. Se celebra el segundo viernes de octubre desde 1996.

La historia del huevo es tan vieja que nadie sabe dónde empieza. Por decir algo de hace muchos años, ya los egipcios veían en él la representación de los cuatro elementos del universo: el fuego era la yema; el agua era la clara; la tierra, la cáscara; y el aire era el espacio vacío del extremo superior. Y le daban tanta importancia que se enterraban con uno para asegurarse una vida futura —lo ponían fuera de la momia, para no cascarlo—. Pero siendo los egipcios tan antiguos, ninguno dejó dicho dónde empezaba el huevo o si era antes la gallina. En esto, como en muchas otras cosas, se ponían de perfil. Manda huevos.

Para mandar huevos, lo de las gallinas, que ponen una media de trescientos al año —sin quejarse y sin epidural—. Y manda huevos lo del huevo de Colón. Lo siento, pero siempre me ha parecido una chorrada. Es más, he leído por ahí que la historia no es suya, sino de Filippo Brunelleschi, a quien antes de iniciar la cúpula de la catedral de Florencia, le preguntaron:

—¿Cómo solucionarás el problema de construir una cúpula tan grande?

Y él contestó:

—Igual que se sostiene un huevo de pie.

Y lo cascó de pinote. Esto tiene más lógica que lo del almirante.

Hay huevos de gallina, de oca, de codorniz o de avestruz. Los hay de Pascua, de Fabergé y de Kinder. Hay un montón de refranes: «Por San Antón, huevos a montón». Y frases, mil: «Parecerse como un huevo a una castaña», «Ir pisando huevos», «Estar a huevo» o «Hasta los huevos».

Lo del código de números no te lo cuento porque nunca acabo de pillarlo. Pero sí puedo decir una cosa sin temor a equivocarme: el huevo frito es el plato favorito de mucha gente. Aunque también es verdad que le ayuda bastante la compañía: esas patatitas, esos pimientitos, el choricito, la morcilla, los torreznos... Lo siento, Aitor, tenía que decirlo.

NOTA. Si por accidente se cae un huevo al suelo, espolvoréalo con abundante sal y podrás limpiarlo fácilmente.

¿EL TAMAÑO IMPORTA?

Es frecuente tener dudas nutricionales sobre los tipos de huevo. ¿Son igual de nutritivos los de codorniz que los de gallina? ¿Hay mucha diferencia entre los morenos y los blancos? ¿Y qué pasa con los de otros animales como los patos o las ocas?

El huevo es un alimento que sigue un patrón bastante parecido, independientemente del ave que lo haya puesto. Destaca por su alto contenido en proteínas de un gran valor biológico. De hecho, durante mucho tiempo se ha considerado a la proteína de la clara del huevo como una de las más interesantes y de referencia nutricional.

No solo la proteína del huevo es completa, sino que también es muy fácil de digerir —a diferencia, por ejemplo, de la carne, que tiene una matriz mucho más fibrosa—, y, por tanto, nos cuesta menos absorberla.

Aunque tradicionalmente la fama de la clara ha sido mayor por su contenido proteico, resulta que tiene la misma cantidad neta que la yema. La popularidad le vino de aquellos años en los que se le tenía tanto miedo a la grasa de la dieta, y por eso, en muchas, se descartaba para, de ese modo, consumir solo la proteína de la clara.

La yema, además de proteína, tiene un aporte de hierro y ácidos grasos saludables, aunque aquí la diferencia también está marcada por el tipo de alimentación que haya tenido el ave. En definitiva, aunque los huevos de codorniz sean más pequeños, nutricionalmente son similares a los de gallina.

BOQUERONES EN VINAGRE A LA ALBAHACA Y TOMATITOS ASADOS

PERSONAS	DIFICULTAD	TIEMPO	REPOSADO
4	MEDIA		30 MIN
		DEPENDE DEL PROCESO PREVIO	PARA QUE ABSORBA SABORES Y AROMAS

INGREDIENTES

600 g de boquerones en lomos
40 g de almendras laminadas
2 dientes de ajo
1 ramillete de albahaca

1 bandeja de tomates cherry
Vinagre de vino blanco
Aceite de oliva
Sal

ELABORACIÓN

Lava los boquerones en agua fría y sumérgelos en un bol también con agua fría y cubitos de hielo. Cambia el agua al menos tres veces. Deben quedar blanquecinos (no demasiado grisáceos) y con textura. Este proceso se llama desangrado.

Para aportar sabor y más rigidez, haz una salmuera mezclando agua con vinagre a partes iguales, sazona con sal y coloca los boquerones dentro. Mantenlos así al menos durante 2 o 3 horas. Escúrrelos después, repártelos en un recipiente de plástico y congélalos durante 3 días.

Una vez pasado el tiempo, descongélalos y alíñalos con un triturado de aceite, ajo y albahaca (lo clásico es perejil, pero vamos a darle un toque distinto). Deja que reposen unos 30 minutos para que queden aromatizados.

Aparte, saltea las almendras en una sartén con unas gotas de aceite, agrega los tomates y mantenlos en el fuego un par de minutos.

Sirve como aperitivo medio plato de boquerones acompañados por el salteado.

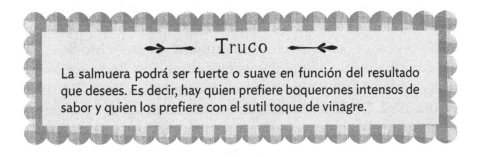

Truco

La salmuera podrá ser fuerte o suave en función del resultado que desees. Es decir, hay quien prefiere boquerones intensos de sabor y quien los prefiere con el sutil toque de vinagre.

BOQUERONES DE LA MANCHA

Dionisio Cuevas, un médico de mi pueblo que trabajaba en Estados Unidos, y el arquitecto municipal, Francisco García Herguedas, se pararon ante un escaparate de Nueva York al ver unas fotografías antiguas que les traían recuerdos: era el blanco y negro de la España de su infancia, eran calles parecidas a las de su pueblo, aquellas mujeres cosiendo sentadas a la puerta les resultaban familiares... Es más, eran su familia: su madre, su tía, la prima y una vecina.

La fotógrafa de la agencia Magnum, Inge Morath, visitó España en 1954 y regresó a Norteamérica con dos reportajes: los sanfermines de Pamplona y una boda en Navalcán. Había ido a la población manchega en busca de sus bordados, pero se encontró con una boda a la que fue invitada.

Las gestiones de Dionisio y Francisco llevaron la exposición al pueblo toledano y no quedaba otra: Inge tenía que volver.

El regreso fue en 1997, habían transcurrido cuarenta y tres años. El grupo folclórico Revolvedera remedó una boda a la antigua usanza, con vestidos de época y recordando las viejas costumbres —los trajes de vistas, los peinados, el intercambio de anillos, el baile de la manzana, la *recorría*...—. La fotógrafa revivió también el pasado y disfrutó de unos días emocionantes. Para remate, fue nombrada hija predilecta y se inauguró una calle con su nombre.

Arthur Miller, su marido —ex también de Marilyn Monroe—, recibió el Premio Príncipe de Asturias de las Letras en 2002, pocos meses después de la muerte de Inge Morath. En su discurso recordó aquella visita, la emoción de su esposa y las lágrimas de un amigo que les acompañaba, el nobel de literatura 1992, Derek Walcott, que no paraba de decir que «en su vida había visto nada tan bonito». También es verdad que en Navalcán hay una frase típica que alegra los corazones: «Ponmos otra». Y Derek no rechazó ninguna invitación.

Antes de la comida, el alcalde le anunció a Inge que habían preparado platos típicos: chanfaina, carillas, conejo de monte, cabrito, cochifrito..., pero que si le apetecía alguna cosa, podía pedirlo. Inge dijo:

—Boquerones en vinagre.

Y tuvieron que ir corriendo a Talavera al súper.

¡ESTAS CALORÍAS NO ENGORDAN!

El pescado azul tiene una particularidad, y es que posee más cantidad de grasa. Esto no lo hace menos interesante o menos sano, nada más lejos de la realidad. De hecho, se recomienda priorizar este sobre el blanco por motivos de prevención cardiovascular y por el interés de sus ácidos grasos saludables, que son de la familia omega 3, seguro que te suena.

Durante un tiempo a estos pescados se les criticó bastante precisamente por su contenido calórico, pero, ojo, que tengan mayor número de calorías no quiere decir que engorden más, solo que nos aportan más energía, al igual que otros alimentos que son saludables y también calóricos —como el aceite de oliva o los frutos secos—.

El boquerón es un pescado azul muy versátil de nuestra gastronomía, al ser de pequeño calibre constituye un ejemplo de alimento apto para un mayor número de personas de la familia, y no me estoy refiriendo a las raspas o las espinas, sino a los metales pesados.

El pescado azul acumula en su grasa no solo estos ácidos grasos, también almacena metales pesados como el mercurio, el plomo o el arsénico. ¿Es seguro su consumo? Sí, lo es. Pero no en la misma medida para todo el mundo ni en todos los pescados.

Los pescados azules más grandes se han comido a un gran número de peces pequeños, y con ello han facilitado un proceso de bioacumulación de estos tóxicos en su cuerpo. Este es el motivo por el que algunas especies como los tiburones, el atún rojo o el lucio no se aconsejan en poblaciones de riesgo como la infantil y juvenil o las mujeres embarazadas. Para estos grupos se recomienda en su lugar tomar pescado azul de pequeño calibre como los boquerones, las sardinas y las anchoas.

A modo de curiosidad, comentar que los peces que se clasifican como pescado azul suelen ser animales que afrontan un número de viajes largos, y por eso tienen más cantidad de grasa de reserva.

Recuerda, al igual que haremos en la receta del ceviche (pág. 167), las medidas de higiene y la necesidad de congelación de los boquerones antes de prepararlos al escabeche si es que los compras frescos.

HAMBURGUESA DE BUEY A LOS TRES QUESOS CON SALSA DE ARÁNDANOS

PERSONAS

4

DIFICULTAD

BAJA

TIEMPO

25 MIN

REPOSADO

NO

SERVIR DIRECTAMENTE

INGREDIENTES

4 molletes

750 g de carne picada de buey

150 g de tres quesos variados

100 g de arándanos

50 g de harina

30 g de azúcar

30 g de miga de pan fresca

50 ml de vino tinto

1 mango no muy maduro

1 huevo

Cebollino fresco

Aceite de oliva

Sal y pimienta

ELABORACIÓN

Prepara un majado en un bol con la miga de pan, el huevo, un picadillo de cebollino, sal y pimienta, y trabaja bien esta mezcla. Añade la carne y los quesos en dados pequeños, y continúa trabajando.

Forma cuatro hamburguesas de igual tamaño y dóralas en una sartén o en la plancha. Dora también los molletes abiertos por la mitad en el horno durante 5 minutos.

Para la salsa, elabora un caramelo con el azúcar. Una vez caramelizado, agrega los arándanos y mantén un par de minutos al fuego.

Riega con el vino y deja que reduzca. Pasa por un colador y salpimienta.

Pela el mango, corta en tiras simulando patatas fritas, enharina y fríelas en aceite caliente. Deben quedar doradas por fuera y tiernas en el interior.

Sirve las hamburguesas en los molletes, acompaña con la salsa de arándanos y las falsas patatas fritas de mango. Tapa con la otra parte del pan y sirve caliente.

➔— Truco —←

Si quieres sorprender a los más pequeños de la casa, prueba a mezclar carne de ternera con huevo y, en lugar de pan, usa unas galletas tipo maría remojadas en agua o leche. Trabaja bien la mezcla, sazona y dora a la plancha. Además de ayudar como espesante, aportará un curioso y agradable sabor.

GLADIADORA DEL HOGAR

Es oír arándanos y acordarme de doña María, porque ella vivía en el bloque de Los Arándanos. Trabajé muchos años en la radio con ella y le tenía mucho cariño. Creo que ella también me lo tenía a mí. Cuando hacíamos programas en directo era la gran atracción, una señora «gruesa de los nervios» que revolucionaba al personal con sus «observancias». La mujer analizaba las «problemáticas» de la vida y «le desesperaba que no se resolvieran siendo, muchas de ellas, fáciles de resolver».

Inseparables de doña María eran Javier Capitán y Luis Figuerola-Ferretti. Capitán siempre intentaba poner orden entre la gladiadora del hogar y el caballero, porque no tenían nada que ver. Mientras doña María decía las cosas como le salían, Luis era lo más parecido a un lord inglés, pero de aquí. A veces se producían situaciones muy locas porque él se mofaba en público de la «zapayeta» de doña María —invento que consiste en una zapatilla que, a la vez, es bayeta—, pero luego nos contaba en privado que él quitaba el agua a la lechuga metiéndola en un calcetín y haciéndolo girar con fuerza.

Había un punto esquizofrénico en aquello porque Luis era muy tímido ante los oyentes y se avergonzaba de ir con aquella mujer que no paraba de hablar de sus hijos —Óscar Luis y Tatianita—, de sus conocidos —Jocelyn, el señor Orencio, la pianista Marjorie, la tía Cristeta, Lucianín—, de sus cosas —cuando llegó a Madrid y se puso al servicio de la señora marquesa, las apariciones en el 9°B, las lavadoras que fagocitaban la ropa y sus «poblemáticas»—. Pero luego acababa el programa, nos íbamos a comer y, sin que nadie se lo pidiera ni viniera a cuento, Luis se ponía a imitar a doña María y cantaba la canción que ella había cantado en el programa ante el aplauso de los sorprendidos comensales y el bochorno de doña María. Y entonces el lord ponía aquella sonrisa infantil y picarona.

En realidad, no eran tan diferentes, se reían de las mismas cosas y estaban mucho más unidos de lo que imaginaban; tanto que, al final, se fueron el mismo día.

Para empezar, tanto Luis como doña María se comerían sin rechistar la hamburguesa de buey a los tres quesos con salsa de arándanos, pero los dos hubieran preferido unos filetes rusos.

MANGO, LA PIEL TAMBIÉN SE COME

El mango es una fruta asociada tradicionalmente a lo exótico, ya que forma parte de las frutas tropicales. Pero cada vez la tenemos más interiorizada en nuestra cultura. De hecho, su producción ha crecido en España y, en algunas zonas, como la Axarquía y la Costa Tropical, se produce una importante cantidad de este fruto.

El mango no solo destaca por su dulzor y por su intenso sabor, cosa que podemos percibir todos, sino también por sus interesantes propiedades nutricionales. La primera es que es uno de los alimentos con mayor cantidad de vitamina A, concretamente en forma de betacarotenos, que son, además, los encargados de darle ese color anaranjado. Además, tiene un alto poder antioxidante y capacidades antiagregantes y antiinflamatorias. Otro aspecto que muchas veces comparte con otras frutas tropicales es la presencia de compuestos antimicrobianos.

La piel del mango, por cierto, es comestible, una curiosidad no muy explotada en la cocina; por tanto, además de consumirse directamente si se lava bien, se puede reutilizar para preparar infusiones muy buenas, aromáticas y con un toque dulce.

En lo culinario es también muy versátil, pues aporta a la vez dulzor y textura. Eso hace que lo incluyamos en algunas recetas como batidos o smoothies y que quede fantásticamente en helados y granizados, y, por supuesto, en recetas como esta que nos sugiere Sergio.

FILETILLOS RUSOS DE GAMBÓN Y SALMÓN

PERSONAS	DIFICULTAD	TIEMPO	REPOSADO
4	BAJA	45 MIN	NO

SERVIR DIRECTAMENTE

INGREDIENTES

800 g de gambones
300 g de salmón limpio
1 cebolleta
1 clara de huevo
Germinados de rabanitos
Pan rallado

Perejil fresco
Salsa mayonesa
Harina
Aceite de oliva
Sal y pimienta

ELABORACIÓN

Pela los gambones, quita todo el intestino que recorre su carne y trocea finamente. Corta de igual manera el salmón, retirando cualquier espina.

Mezcla en un bol el picadillo de cebolleta previamente pochada, sazona con sal y pimienta, añade perejil picado, la clara de huevo y poco a poco pan rallado sin excederte hasta que puedas formar pequeños filetes rusos. Enharínalos y fríelos en aceite bien caliente.

Aparte, tritura mayonesa con un manojo de germinados de rabanitos para que quede ligeramente picante.

Sirve los filetes recién hechos y decora por encima con tiras de mayonesa.

UNA TARTERA DE FILETES RUSOS

En Rusia llaman montaña americana a la montaña rusa, pero a los filetes rusos los llaman filetes rusos porque, según parece, son rusos. La ensaladilla rusa, no tanto. O sea, sí es rusa, pero no tanto... Bueno, en ese lío no me voy a meter. Vamos a los filetes rusos: carne picada, huevo, miga de pan, ajo y condimentos a elegir.

La receta nació en tiempos de los zares, en el siglo XIX. Los aristócratas rusos admiraban las costumbres francesas; sobre todo, su cocina. Y fueron los chefs galos que dirigían las cocinas imperiales los que se sacaron de la manga los bitoques à la russe, que luego se extendieron por todo el continente.

A España llegaron con el nombre de filetes a la rusa, pastelillos rusos e, incluso, chuletas rusas. Así las llamó en 1905 Manuel Puga y Parga, alias Picadillo, en su libro *La cocina práctica*.

El plato se hizo muy popular en nuestro país en los años treinta y cuarenta y, precisamente, en esa época cambió de nombre. Durante la Guerra Civil y la posguerra alguien con bigote decidió llamarlo filete imperial o filete alemán. La razón era muy sencilla, estaban muy buenos y no podían venir de las cocinas enemigas: comunismo, no, gracias.

Pero la censura no llegaba al día a día de las casas humildes y los madrileños domingueros que pasábamos la mañana en la Casa de Campo o en el río Alberche siempre llevábamos el mismo menú en la tartera: tortilla de patata, pimientos fritos y filetes rusos. ¡Qué rico!

Luego aparecieron «los otros», le pusieron pan arriba y pan abajo, un chorretón de kétchup, le llamaron hamburguesa y ganaron la partida. No sé si tuvo mucho que ver la caída del telón de acero, pero hace mucho que no como filetes rusos.

EL MARISCO, EN EL PUNTO DE MIRA

Durante mucho tiempo el marisco fue un alimento bastante controvertido. En los años ochenta se restringió su consumo a personas con colesterol o el ácido úrico alto. Hoy tenemos más información que nos hace ver que estas recomendaciones eran poco acertadas.

Si hablamos de riesgo cardiovascular, es preferible evitar refrescos, bollería, dulces, grasas de mala calidad, alimentos ultraprocesados... Y en el caso de principio de gota o ácido úrico alto, lo mejor es reducir las carnes procesadas y las bebidas alcohólicas. Con lo cual, estamos ante un ejemplo de alimento criminalizado injustamente. Además, durante décadas su consumo era poco accesible para gran parte de la población.

Es cierto que el marisco es rico en colesterol, pero eso no quiere decir que necesariamente lo incremente. De hecho, disminuye el riesgo cardiovascular, tiene ácidos grasos saludables y proteínas de calidad. Tomar marisco es equiparable a tomar pescado.

Algunos de los que tienen concha son muy interesantes por sus minerales. Los berberechos o mejillones por el hierro, y las ostras y las almejas por el zinc. La proteína del pulpo, las gambas o los langostinos es también muy buena. El tema es que por el precio no los solemos nombrar como fuente proteica, además de que no siempre se alcanza el gramaje solo con estos productos. Es extraño que alguien tome ciento cincuenta gramos de langostinos pelados o doscientos de pulpo de una sentada. Lo que se suele hacer es completar la comida con otros alimentos. Por ejemplo, haciendo un guiso o un arroz de pescado y marisco o de legumbres y marisco. Así que ya sabes, si decides no comerlo, que no sea porque no es saludable.

PISTO CON POLLO CON CAPA CRUJIENTE DE QUESO MANCHEGO

PERSONAS

4

DIFICULTAD

BAJA

TIEMPO

1 H

REPOSADO

NO

SERVIR DIRECTAMENTE

INGREDIENTES

1 pechuga pollo
150 g de queso curado
4 tomates
4 dientes de ajo
1 pimiento rojo
1 pimiento verde

1 calabacín
1 cebolla
Pimentón dulce
Azúcar
Aceite de oliva
Sal

ELABORACIÓN

Sofríe los ajos picados finamente y, cuando empiecen a tomar color, añade la cebolla y los pimientos cortados en dados pequeños de igual tamaño. Mantén a fuego medio hasta que estén tiernos sin que lleguen a dorarse.

Corta la pechuga y el calabacín (no retires la piel) en dados medianos. Acto seguido, espolvorea pimentón, rehoga y agrega los tomates pelados y picados. Cuece todo a fuego lento durante 35 minutos. Comprueba el punto de sal y rectifica con azúcar si hubiese quedado ácido.

Aparte, ralla el queso sobre papel sulfurizado formando cuatro montoncitos y hornea a 170 °C hasta que consigas una oblea dorada. Saca y deja enfriar.

Sirve esta versión de pisto caliente y decora con el crujiente de queso.

→— ← **Truco** →— ←

Cuando se combinan varios ingredientes entre los que se encuentran ajo, cebolla, pimientos, etc., es importante sofreír en primer lugar el ajo. Eso sí, teniendo el resto ya troceados. De manera que en cuanto empiece a dorarse, añadas los demás. Así aportarás agua y evitarás que se quemen. Si incorporas todo a la vez, el ajo absorberá el agua liberada por las otras hortalizas y quedará crudo, lo que hará que pueda repetir en exceso.

POLLO
(PARA MAYORES DE DIECIOCHO)

Tú dices pollo y tu primera idea es «con patatas fritas». Pero un pollo puede ser más cosas. Pollo es la saliva que se escupe acompañada de mucosidad, también llamado lapo o gargajo —ya te habrás imaginado que no iba a ser agradable, pero todos vemos el fútbol—. Un pollo puede ser un alboroto, un pitote, un lío, una situación confusa, una discusión: «Se montó un pollo a la salida», «Había un pollo de narices» —esto es violento, ya lo sé—. Y un pollo es un chaval, un hombre joven de la zona centro, pongamos Lavapiés: «Ese pollo me mola». Y eso lo dice...

Las cosas como son: si ellos son pollos, ellas son pollas... Lo dice una polla. Es más, hay una palabra muy usada que viene de ahí: gilipollas, con perdón, lo siento. La historia o historieta —porque parece de zarzuela— es que don Baltasar Gil Imón de la Mota, fiscal durante el reinado de Felipe III, tenía dos hijas poco agraciadas que intentaba colocar sin éxito. Era la comidilla de la ciudad y los cortesanos se burlaban al verlos diciendo:

—Por ahí van don Gil y sus pollas.

Ahora, quítale tres letras y unos espacios y ya está: gil-i-pollas. Esto es para que veamos por qué poca cosa nos molestamos cuando nos intentan insultar.

Pues igual que hay pollos y pollas en los humanos, hay pollos y pollas entre las aves, lo que pasa es que intentamos evitar posibles situaciones complicadas en la carnicería-pollería.

—Hola, me da usted un pollo.

—¿Y no prefiere usted una polla?

Cuando vamos a por nécoras o centollas nos empeñamos mucho en saber si es macho o hembra, pero en el caso del pollo, ponemos menos interés.

EL SOFRITO: IDENTIDAD DE LA DIETA MEDITERRÁNEA

Dentro del concepto de dieta mediterránea hay muchos productos o alimentos que se han intentado marcar un tanto y erigirse como representantes de este patrón dietético. Un *casting* para ver quién lleva el estandarte de esta dieta en el que mucha gente ha escuchado hablar del aceite de oliva, de los frutos secos, de las legumbres..., pero también de promociones desacertadas como la cerveza o el vino como el pilar de esta dieta. Lo que mucha gente desconoce es que incluso dentro de los test y encuestas de adherencia al patrón mediterráneo que se hacen en los estudios científicos encontramos un criterio muy llamativo: la presencia de los sofritos.

Lo primero que debemos saber cuando hablamos de dieta mediterránea es que no está perfectamente definida. De hecho, tiene mucho más sentido que hablemos de patrón alimentario. Como seguro que es fácil de comprender, la mediterránea de Turquía no es igual a la de España, poco que ver con la de Grecia y diferente a la de Italia.

A pesar de que estas gastronomías son distintas, tienen en común la presencia del mar, una altitud concreta y el protagonismo de algunos cultivos que son un eje vertebrador.

Si hay algo que se mantiene en todas ellas es la presencia del aceite de oliva, los frutos secos y la abundancia de las materias primas vegetales locales y de temporada. Mediterráneas, claro. Si, además, tenemos en cuenta que es un estilo de vida muy cercano a la comida, y que los fogones a veces son el punto de unión de muchas comunidades, ahora es más fácil entender por qué el sofrito los aglutina a todos.

Esas hortalizas de temporada, ese buen aceite de oliva, y, sobre todo, el reencuentro con la cocina mientras se escucha «chup chup» en la sartén de casa.

CHUPACHUPS DE POLLO CON SALSA DE ALMENDRAS

PERSONAS
4

DIFICULTAD
MEDIA

TIEMPO
25 MIN

REPOSADO
NO

SERVIR DIRECTAMENTE

INGREDIENTES

16 alitas de la parte del muslito
100 g de pan rallado
100 g de mayonesa
35 g de almendras tostadas

1 huevo
Aceite de oliva
Sal

ELABORACIÓN

Pela y raspa con una puntilla sobre una tabla de corte la carne adherida al hueso hacia la parte más ancha del muslito. Es decir, agrupando toda en un extremo. Presiona con la mano, dando forma circular.

Sazona con sal y pasa por huevo batido y luego por pan rallado. Vuelve a presionar dando forma, imitando a los famosos chupachups. Fríelos en aceite bien caliente hasta que queden dorados y crujientes.

Aparte, tritura las almendras con la mayonesa hasta que obtengas una salsa de color beis de gran sabor y aroma. Sirve las alitas acompañadas por la salsa.

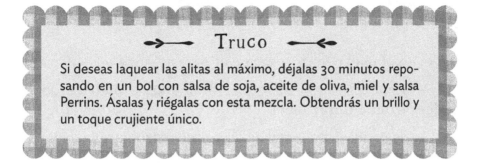

POLLO

(PARA TODOS LOS PÚBLICOS)

Dicen que el pollo puede hacerte feliz gracias a la concentración de vitamina B6 en su carne, que permite crear neu-
rotransmisores para mejorar el estado de ánimo, la dopa-
mina y la serotonina. Pero la cosa es más sencilla: todos los
niños se sienten felices cuando hay pollo... porque no hay
pescado.

Como a los niños les gusta el pollo, es necesario que haya
muchos. Y los hay: veinticinco billones en el planeta, muchos
más que cualquier otra especie de ave. Si hiciéramos un repar-
to mundial, tocaríamos a tres por persona. Pero ya sabemos
que el mundo está muy mal repartido.

No pienses que es un animal simple y tontorrón. Eso es
en los dibujos animados. Los pollos son muy listos y tienen
cualidades increíbles.

— Juegan: corren, saltan y toman el sol.

— Son capaces de resolver problemas, transmiten conocimientos, se preocupan por el futuro.

— Tienen memoria: reconocen y recuerdan a más de cien
individuos distintos.

— Son muy veloces: alcanzan los catorce kilómetros por hora.

— Notan el peligro y cacarean para advertir a los demás.

— Tienen mejor visión que los humanos: captan las longitudes de onda ultravioleta.

— Se comunican con más de veinticuatro vocalizaciones.

— Se encuentran entre los parientes vivos más cercanos al *Tyrannosaurus rex*.

— Pueden vivir mucho: entre cinco y diez años.

Y te preguntarás: si tienen todas esas virtudes, es decir, si son tan inteligentes y se preocupan por su futuro, si tienen una vista excelente, si advierten el peligro, si son capaces de comunicarlo a los demás, si son veloces, si son tantísimos y son familia del *Tyrannosaurus rex*... ¿por qué no se rebelan contra el ser humano? ¿Y por qué solo viven unos cuarenta días en vez de años? Pues porque los tenemos apiñados en granjas, los matamos de mil en mil, los envasamos en bandejas blancas de corcho, los compramos y los metemos en el horno. Niños, ¿os apetecen unos chupachups de pollo?

¿ES BUENO TOMAR LA PIEL DEL POLLO?

Durante tiempo se habló de la conveniencia o no de tomar pollo con piel. Eran los años en los que el discurso se centraba, sobre todo, en la grasa que tenían los alimentos, o en algunas sustancias en concreto como el colesterol.

En efecto, la piel del pollo es un tejido que tiene un mayor aporte de grasa y también de colesterol, y por eso se recomendaba eliminarla en dietas de adelgazamiento o en dietas de protección cardiovascular.

Hoy sabemos que la grasa total del colesterol dietético no es tan fundamental como se nos hizo creer, y que tiene mucha más importancia que la fuente dietética sea saludable. En este sentido es más sano tomar unas alitas de pollo que un producto cárnico ultraprocesado como, por ejemplo, unas salchichas. Pero ya que las tomamos ¿mejor con piel o sin ella? La información que tenemos nos dice que sea sin ella, pero por motivos diferentes a los de aquella época.

En la piel de los animales de granja es más fácil que se acumulen contaminantes ambientales, y que, por lo tanto, haya una mayor concentración de sustancias indeseables para el organismo.

Puede ser que por motivos de cocción interese dejarla. En un asado o en una fritura también protege y evita que el producto se reseque antes de tiempo. A veces la mejor opción puede ser dejarla durante el cocinado, pero, finalmente, no consumirla.

FALDA DE CORDERO LAQUEADA

PERSONAS
4

DIFICULTAD
BAJA

TIEMPO
1 H

REPOSADO
NO

SERVIR DIRECTAMENTE

INGREDIENTES

4 trozos de falda de cordero

100 g de madroños

100 g de azúcar

400 ml de agua

100 ml de vino dulce

2 cucharadas de salsa de soja

2 cucharadas de salsa Perrins

½ rama de vainilla

Aceite oliva

Sal

ELABORACIÓN

Mezcla en un bol el vino, la soja, algo de sal, aceite y la salsa Perrins. Añade la falda de cordero y mezcla bien. Deja reposar 5 minutos hasta que la carne esté completamente impregnada.

Una vez transcurrido el tiempo, ásala a 190 °C durante 35-40 minutos. Riega de vez en cuando con parte del jugo sobrante de la mezcla.

Aparte, hierve el agua con azúcar y la rama de vainilla. Deja que reduzca y retira del fuego. Cuando esté templado, agrega los madroños y reserva 5 minutos en este almíbar.

Una vez dorada, brillante y crujiente la carne, efecto laqueado, sirve y acompaña con los madroños y salsea con el jugo resultante del asado.

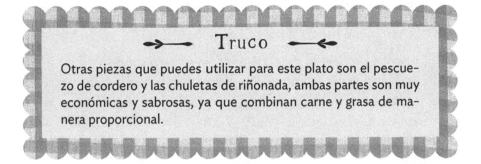

LICOR DE MADROÑO

Cruz Palomo Parrilla tenía su obrador al lado de la zapatería de mi padre. Bueno, al lado no. Estaban la zapatería, la gallinejería y el pastelero. También había tornero, ebanista, carpintero, unos tallistas, panadería, mantequería, dos bares, un ultramarinos y una clínica. Menos mal que la calle Caravaca no tiene ni cien metros, parecía un parque temático de la artesanía.

A Cruz le conocíamos como el Panacrem, porque ese fue su primer invento. En los años cuarenta creó aquella mantequilla de tres gustos —vainilla, chocolate y fresa— que él siempre decía que fue el antecedente de la Nocilla. El Panacrem le venía muy bien al pan duro de la posguerra y su éxito fue tan grande que le salieron imitadores descarados. Hasta hubo unos que llamaron a su producto Panicrem. Como decía Palomo:

—España tiene un defecto: a nadie le gusta sembrar, todos prefieren la siega.

También lo intentaron con el licor de madroño. Un día caluroso de caza el señor Cruz fue matando el hambre con los madroños que iba encontrando por el camino hasta que empezó a sentirse mal, se mareó y llegó a desmayarse. El médico le diagnosticó borrachera. Los madroños habían fermentado.

Y eso le llevó a trabajar en el licor, primero para rellenar sus bombones y luego para rellenar botellas.

Su local de seis metros cuadrados entró en las guías turísticas, se llenó de extranjeros, se llenó también la calle y, como decía antes, muchos intentaron imitarlo. Desde Nueva York llegaron cartas pidiendo la receta con ofertas millonarias, pero él la guardó celosamente para dejarla a su descendencia, a su sobrino Goyo.

Cuando éramos niños jugábamos al fútbol en las calles sin coches, y recuerdo a Cruz Palomo, una especie de Geppetto con traqueotomía, que nos llamaba para que le ayudáramos a meter o sacar cajas. Luego, nos premiaba con pastelillos de espinaca, de remolacha, de algas, de leche de búfala o de kiwi —ojo, cuando en España no había kiwis, ni algas, ni búfalas ni leches—.

A Goyo le sigo viendo en su local, El Madroño, muy cerca de la plaza Mayor de Madrid. Allí se sigue tomando el licor en vasitos de barquillo recubiertos de chocolate —que se comen—. A veces se viste de chulapo y toca el organillo. Cuando ha brindado unas cuantas veces por su tío Cruz le pregunto por la receta. Pero no.

SORPRENDE EN TUS PLATOS GRACIAS A LOS FRUTOS ROJOS

Los frutos rojos son como pequeñas bombas concentradas de antioxidantes. Esas bayas esconden muchas más propiedades de lo que parece.

De hecho, hay estudios muy interesantes de los beneficios que tienen protegiendo las paredes de las arterias y en la prevención de algunos tipos de cáncer como el de próstata, vejiga o mama. Aquí habría que hacer especial mención al papel que juegan los arándanos y las grosellas, cuyo zumo incluso se ha utilizado en algunos ensayos clínicos para prevenir estos tipos de cáncer.

La única pega que tienen los frutos rojos es que son caros, pero también hay que comprender que son muy delicados, que requieren de una manipulación y un cultivo no tan dependiente de máquinas, y que a su vez van a tener menor vida útil en el mercado.

En cuanto a la ración de consumo, hay que recordar también que los frutos rojos pocas veces se llegan a consumir en un volumen tan grande como para que constituyan una ración de fruta por sí solos. La gente no se toma doscientos gramos de moras o de frambuesas. No pasa nada por no llegar al gramaje típico de una manzana o de una naranja mediana, sus propiedades beneficiosas valen la pena y se alcanzan con ingestas menores.

Los frutos rojos son una alternativa genial para darle un sabor diferente a una ensalada, mejorar nuestras meriendas y desayunos con un yogur o hacer recetas tan versátiles como la que te presentamos aquí.

TEMPURA DE BRÓCOLI CON CREMA DE JAMÓN

PERSONAS
4

DIFICULTAD
BAJA

TIEMPO
40 MIN

REPOSADO
NO

SERVIR DIRECTAMENTE

INGREDIENTES

2 manojos de brócoli
60 g de harina de trigo
50 g de harina de arroz
10 g de semillas de chía

1 vaso de nata para cocinar
Punta de jamón
Aceite de oliva
Sal y pimienta molida

ELABORACIÓN

Lava el brócoli y sepáralo en pequeños ramilletes. Seca y reserva.

Mezcla las harinas con las semillas de chía, sazona con sal y añade agua fría poco a poco sin dejar de remover hasta que tenga una densidad similar a la salsa besamel.

Aparte, hierve la nata con la punta de jamón hasta que reduzca a la mitad. Cuela y salpimienta.

Impregna los ramilletes en la tempura y fríelos en aceite caliente hasta que estén dorados y queden crujientes por fuera.

Salsea con la reducción de jamón y sirve.

BRÉCOL/BRÓCOLI

El brécol es una verdura extraterrestre. Es muy raro y muy suyo. Es como un árbol perfecto, demasiado bonito. ¡No! Se parece más al ramo de una novia. El caso es que podría ser una verdura venida de otro planeta. Sin embargo, no sabemos dónde nació, pero sí que los romanos ya eran muy aficionados a su consumo y que lo extendieron por el Mediterráneo. El gastrónomo Marco Gavio Apicio —siglo i d. C.—, en el libro *De re coquinaria,* cuenta que se puede comer crudo, en puré, aliñado con aceite de oliva o hervido.

También sabemos que los romanos llamaban al brócoli «los cinco dedos verdes de Júpiter». Unos dicen que sería por su forma robusta, otros por el «vigor» que proporcionaba a quienes lo consumían. Sin embargo, en realidad, nadie dejó dicho el porqué del mote.

En la Edad Media se siguió creyendo en el supuesto «vigor» que le atribuyeron los romanos: la tradición era regalar un caldo de brécol —también podía ser de repollo— a las parejas recién casadas, para... Y de ahí debe venir el dicho francés de que los niños vienen de las coles. Qué tontería, habiendo cigüeñas.

Los italianos llevaron el brócoli a Estados Unidos hacia 1870, y allí se convirtió en alimento habitual. Dicen que las primeras semillas las llevó un tío del productor de las dieciséis primeras películas del agente 007. Pero no sé, el individuo se llamaba Albert Cubby Broccoli —casualidad— y, la verdad, era un peliculero. Casi había desaparecido en Europa en la primera mitad del siglo XX, pero la instalación de bases americanas en los años setenta animó la demanda. Por eso, la gente que tiene una edad nunca lo vio en su infancia y, más de una vez, pensó que ese arbolito era artificial o marciano. Pues no.

Termino. Habrás visto que digo brécol unas veces y brócoli otras. Se pueden usar las dos palabras, aunque brécol es más nuestro.

NO TE PASES CON
EL TIEMPO DE COCINADO

Es curioso cómo el brócoli ha conseguido desplazar en los últimos años a la coliflor en nuestra gastronomía, tal vez por ser una versión un poco más coloreada y llamativa que su hermana y también por tener un aroma después del cocinado algo menos intenso.

Precisamente vamos a analizar las propiedades del brócoli en relación con los vapores de cocción que generan las crucíferas. Ese olor tan característico se debe a derivados del azufre que se producen durante la cocción. Estos compuestos azufrados, cuando se someten a altas temperaturas y, además, a un medio acuoso —como puede ser el típico brócoli hervido— generan ácido sulfhídrico y también otras sustancias aromáticas con este marcado aroma.

Pues resulta que una de cal y otra de arena, los compuestos azufrados del brócoli y responsables de su intenso olor son también los mismos que le dan sus características antioxidantes y anticancerígenas que se han descrito en la literatura científica. Estos compuestos protegen los tejidos del cuerpo y generan un efecto antiinflamatorio.

Como ya podemos deducir, cuanto más agresivo sea el método de cocción, mayor cantidad de estos compuestos se destruirán y también pasarán al aire en forma de vapor y volatilizados. ¿Qué aprendizaje podemos sacar de todo ello? Que el brócoli, cuanto menos lo cocinemos, más propiedades beneficiosas nos va a producir.

Por supuesto, con sentido común y tolerancia individual, hay muchas personas a las que la verdura poco cocinada le sienta fatal, ya sea por motivos digestivos o por poca costumbre. La propuesta que hacemos es la de intentar no pasar al brócoli con esa textura blandurria e intentar tomarlo un poco más turgente. ¡No solo cambia los efectos en el organismo, también el sabor y la textura que nos encontramos en la boca!

La próxima vez que prepares brócoli, intenta darle una oportunidad con un pequeño salteado a la plancha, un calentamiento al microondas o incluso una ligera cocción al vapor.

CACHOPO AL QUESO AZUL Y PIÑONES

PERSONAS
4

DIFICULTAD
BAJA

TIEMPO
45 MIN

REPOSADO
NO

SERVIR DIRECTAMENTE

INGREDIENTES

4 filetes grandes de tapa de ternera

100 g de queso azul

20 g de piñones

2 pimientos rojos asados

2 dientes de ajo

1 cebolla

1 huevo

Pan rallado

Aceite de oliva

Sal y pimienta molida

ELABORACIÓN

Pela la cebolla y córtala en juliana fina. Rehógala con algo de aceite y con el recipiente tapado. Cuando esté transparente y melosa, incorpora los piñones al final.

Limpia los filetes de posibles restos de grasa y tendones, y golpéalos ligeramente. Salpimienta la carne y dispón sobre dos de los filetes una capa de queso azul con la cebolla y los piñones. Pinta los bordes con huevo y coloca sobre cada uno el otro filete. Vuelve a salpimentar y empánalos. A continuación, fríelos en aceite caliente hasta que estén dorados y crujientes.

Aparte, sofríe los ajos, añade los pimientos cortados en tiras y saltea unos segundos.

Sirve los cachopos acompañados por los pimientos.

> ### ➜— Truco —➤
>
> Siempre que prepares filetes a la plancha, empanados, etc., es aconsejable espalmarlos. El término «espalmar» hace referencia a golpear un poco la carne, ya sea de ave, de ternera o pescado; así se rompen los nervios y los tendones, logrando tras su cocinado que queden con mejor presentación y que no se retuerzan. A su vez se gana en terneza.

LA INVASIÓN DEL CACHOPO

¡Qué bien se come en Asturias! Es verdad que se come bien en toda España, pero si hiciéramos una encuesta en todo el territorio, creo que Asturias se llevaría medalla. Calidad y precio.

Viva México también, pero mi mujer y yo veníamos de allí y fuimos directamente a Puenticiella, junto a Cangas del Narcea. Llegábamos con hambre de España y, como en el pueblo todos son familia de nuestra amiga María José, íbamos de casa en casa. El problema es que entrabas y te sacaban lo que tenían: embutidos, quesos, chorizos a la sidra, cachopos, potes, fabadas, tortos, frixuelos... De México me traje la alergia al sol y al aguacate. De Asturias, varias indigestiones.

De los platos típicos mencionados, el más joven es el cachopo: dos filetes de ternera entre los que se coloca jamón serrano y queso, se empanan y se fríen en una sartén grande. Puede que la receta haya existido siempre, pero hay poca literatura sobre ella. Su popularidad llegó a mediados del siglo

XIX cuando el restaurante Pelayo, de Oviedo, lo incorporó en su carta. Allí empezó una nueva reconquista.

Ahora todo el mundo conoce el cachopo, todo el mundo busca el cachopo. El cachopo ha evolucionado y los hay de pescado, de pollo y de cerdo. Los rellenos pueden ser de marisco, cecina, setas, pimientos y espárragos. Se encuentran guías de restaurantes con cachopo, rutas, jornadas, concursos, el mejor cachopo de Asturias, el mejor cachopo de España... Más que reconquista, esto parece invasión, y a algunos asturianos no les gusta una popularidad que puede perjudicar a su plato estrella, la fabada, que tiene más historia.

En cualquier caso, el cachopo está de moda. Por cierto, no hemos dicho que el filetito relleno y empanado puede pesar un kilo y medio y, por si fuera poco, se sirve con guarnición de patatas fritas, pimientos asados, pisto de verduras, champiñones, ensalada, y se puede bañar con una salsa de queso. Solo de pensarlo me está repitiendo Puenticiella.

EMPANAR LOS CACHOPOS CON DISTINTAS HARINAS

No hace falta que venga un nutricionista a decir que el cachopo no es una de las preparaciones más saludables de nuestra gastronomía, ¿verdad? Hacemos bien en asociarlo a algo excepcional y festivo porque es una conjunción de carne roja, queso, harina refinada... que, además, luego se fríe. Sin embargo, nos sirve para introducir algunos conceptos de los que podemos aprender.

El primer aprendizaje es que si un producto tiene una buena cobertura y se fríe correctamente, generamos una película protectora que aísla y protege el interior, de ese modo el resultado es mucho más tierno y jugoso y, encima, no absorbe tanta cantidad de aceite. El segundo es que algunos rebozados y empanados tienen calidades nutricionales muy diferentes, según, por ejemplo, la harina que se utilice.

La de trigo convencional es la menos interesante y la que, nutricionalmente, debe estar menos presente en la alimentación. Tomar un rebozado de vez en cuando es compatible con una alimentación sana, pero sin que sea protagonista de la dieta. Además, para muchas familias son preparaciones conflictivas en el caso de que uno de sus miembros no pueda consumir gluten.

Alternativa de harina para esta misma receta puede ser la de castaña, muy usada en los pueblos antiguamente, en desuso durante un tiempo y rescatada de nuevo ahora. La de castaña es mucho mejor que la de trigo, es más completa, tiene más cantidad de fibra y de proteína, y evitamos incluir tanta cantidad de hidratos refinados. Lejos de parecer una excentricidad nutricional, tiene una justificación y un bagaje gastronómico: algunos de los mejores cachopos asturianos de los certámenes de los últimos años han incluido esta harina en sus propuestas.

Si quieres usar otras opciones para rebozados, explora las harinas de maíz, que suelen quedar muy bien en tempura, una manera distinta de incluir verduras, por ejemplo, en la alimentación —el maíz, además, es un cereal sin gluten—, y optar por otras ideas como las frituras de las harinas panko, empleadas en la gastronomía japonesa, cuyo resultado final es muy crujiente por fuera y jugoso por dentro.

SOLOMILLO DE CERDO A LA CANELA Y MIEL

PERSONAS
4

DIFICULTAD
BAJA

TIEMPO
45 MIN

REPOSADO
NO

SERVIR DIRECTAMENTE

INGREDIENTES

1 solomillo de cerdo grande
4 patatas medianas
2 cucharas de miel
2 cucharadas de salsa Perrins
Canela molida

Nuez moscada
Tomillo fresco
Aceite de oliva
Sal y pimienta molida

ELABORACIÓN

Mezcla en un bol la miel con aceite de oliva, una pizca de canela, la salsa Perrins, tomillo, un poquito de nuez moscada, sal y pimienta, y remueve. Introduce el solomillo cortado en dos y embadurna con la mezcla hasta que te quede una capa adherida. Deja reposar unos minutos.

Mientras, lava las patatas y, si la piel es fina, no hace falta que las peles. Saca con una cucharilla vaciadora bolitas y saltéalas en una sartén. Cuando cojan color, hornéalas a 180 °C durante 15 minutos.

Una vez aromatizado el solomillo, ásalo a la misma temperatura que las patatas durante 18 minutos y riégalo con un poco de agua.

Lonchea la carne, salsea con el jugo del asado y acompaña con las patatas.

160

AROMAS

Los pueblos tenían olor. Olían a leña. Y a ese olor a leña le iba muy bien el olor a humedad de invierno. Olía a tierra mojada cuando nos acercábamos al río y a tierra seca con sonido de chicharra cuando se trillaba en la era. Olía a pimientos asados en la tahona, que otras veces olía a pan y magdalenas. Y a rosquillas. A veces, cuando llegabas al pueblo, olía a aceite, que luego olía más aún cuando se ponía en la sartén. Y a vino de año, que pronto se hacía vinagre. Olía a alcohol en el mostrador de madera del bar, y a anís. Olía a cabra y a vaca y a leche de vaca y a leche de cabra. A queso. Olían los petardos en fiestas y los cirios en Semana Santa. Olía la iglesia. Olía a cal para enjalbegar, a higuera, a limonada, a vieja, a burro, a sandía recién abierta, a tabaco de liar.

Muchos pueblos han perdido sus olores. Se sigue percibiendo el paisaje, sigue oliendo la humedad, la tierra mojada y la tierra seca, pero van desapareciendo los bares que olían y el olor de los hornos y las vaquerías. Ya no se enjalbegan las casas; se van cayendo. Y sigue oliendo a viejo. Pero por poco tiempo.

Olía a cerdo, a canela y a miel.

LA MIEL, ¿TAN BUENA COMO DICEN?

De las propiedades de la miel se ha hablado largo y tendido. Puede que sea uno de esos alimentos de los que más se exageran sus propiedades. No hay más que abrir un recetario antiguo o buscar en Internet la cantidad de beneficios que se le atribuyen. Pero, verdaderamente, no es tan bonito como parece.

Lo primero es que los compuestos que le darían ciertos beneficios no están presentes en todas las mieles. La convencional que vemos tan transparente, tan «perfecta» en un bote, ha sido previamente cocida y filtrada, por lo que parte de estas propiedades se han perdido. Donde podríamos encontrar más provecho sería en una cruda que no se ha cocido y que tenga también polen de las abejas. Aun eligiendo esta, no tenemos muy claro que los beneficios compensen. Sí, es verdad que ayudan con el dolor de garganta, con algún problema intestinal leve y, especialmente, a nivel tópico, pero sigue teniendo mucho azúcar. Es fundamental tener esto en cuenta porque, quien la incorpora a la alimentación creyendo que contribuye de manera positiva a su salud, no puede olvidar que su mayor componente sigue siendo, en cantidades superiores al 70 %, el propio azúcar.

Claro que se puede sustituir el azúcar por la miel; eso sí, entendiendo que si la tomamos es porque nos gusta, no porque depositemos en ella una esperanza de grandes efectos en la salud.

MEJILLONES EN
ESCABECHE DE SIDRA

PERSONAS

4

DIFICULTAD

BAJA

TIEMPO

40 MIN

REPOSADO

15 MIN

INGREDIENTES

1 kg de mejillones
100 g de puerros
40 ml de vinagre
400 ml de sidra
2 dientes de ajo
1 hoja laurel

Tomillo
Azúcar
Clavo
Aceite de oliva
Sal y pimienta en grano

ELABORACIÓN

Rehoga a fuego medio los ajos junto con el laurel, tomillo, pimienta y clavo. A continuación agrega el puerro picado finamente y pocha hasta que esté tierno. Riega con el vinagre y deja que evapore casi a la mitad. Añade la sidra y hierve unos minutos. Sazona con sal y rectifica la acidez con azúcar.

Aparte, precalienta una olla con la tapa. Una vez caliente, incorpora los mejillones limpios, vierte aceite, tapa y espera a que se abran. Retira del fuego y quita una de sus valvas.

Recupera parte del jugo liberado tras la cocción e incorpóralo al escabeche.

Riega los mejillones con ello y sirve.

AL RICO ESCABECHE

Los árabes musulmanes gritaban:

—¡Vamos a escabecharlos!

Y los cristianos decían:

—¡Bieeen! —porque les gustaba mucho.

En realidad lo que decían era *sikbâg*, que se pronuncia «iskebech», y lo que pasaba es que alguien había pescado unos jureles o cazado unas perdices y se disponía a compartirlos con los enemigos en la fe poniendo aceite, vinagre, vino, laurel y unas bolitas de pimienta. Las relaciones entre unos y otros no siempre terminaban en escabechina. A veces se remataban con un rico escabeche. Como otras muchas cosas, nos lo enseñaron ellos.

Junto con el secado, la sal y el adobo el escabeche era otra técnica más para conservar los alimentos cuando aún no existía la nevera. Tan bien le caían los ingredientes al pescado o a la carne que cogían más gracia con el paso de unos días y las madres de ayer y los cocineros de hoy siguen diciendo que un pescado escabechado no sabe a nada si lo tomamos recién hecho. Es mejor dejarlo unos días en frío.

El escabeche puede parecer una simpleza por su origen práctico, pero tiene su *glamour* y aparece en libros con pedigrí, porque los persas hacían un guiso de carne con vinagre y otros ingredientes que se cita en *Las mil y una noches,* y Alejandro Dumas describe un escabechado de liebre con poco azafrán y más pimentón.

En España, la primera referencia escrita está en catalán —escabex— en el *Llibre de Sent Soví,* de 1324. Y hoy en día el mundo de la alta cocina reivindica el escabeche como antecedente patrio de los ceviches sudamericanos y todos los grandes chefs guardan un espacio para una receta en la que escabechan de todo: carnes, pescados, hortalizas, frutas, verduras y, en cuanto te descuides, unas natillas.

Ojalá volvieran aquellos tiempos en los que los musulmanes gritaban «¡vamos a escabecharlos!» y los cristianos decían «¡bieeen!». Y a comer todos juntos.

EL ESCABECHE, UN BUEN MÉTODO DE CONSERVACIÓN

Aunque en algunas familias y en algunos lugares se siga usando para manejar los excesos de una buena cosecha de verduras o de una pesca abundante, hoy el escabeche lo empleamos para dar variedad a nuestros platos.

El escabeche utiliza el vinagre de base para esa conservación, al igual que pasa con los encurtidos, solo que, además, añade otros ingredientes como el aceite, el laurel, el vino o la pimienta.

En casa puedes hacer un escabeche nutricionalmente aceptable. El problema lo encontramos con los comerciales, donde la mayoría están hechos con aceite de girasol. Y, claro, no son tan sanos.

Si te gustan las conservas de pescado hay que decir que las propiedades nutricionales de estos platos dependen sobre todo de los ingredientes con los que se haya hecho la conserva, dado que el pescado o el marisco son buenos de origen.

Hay dos aspectos que debes tener en cuenta: la calidad del aceite y la cantidad de sal. Te recomiendo que no compres siempre todos los productos en escabeche ni en conserva de aceite de girasol. Mucha gente busca las alternativas en aceite de oliva, pero son menos habituales y, además, no siempre se encuentran en aceite de oliva virgen extra. Por si fuera poco, el precio suele subir bastante a pesar de no haberse utilizado una gran cantidad.

Otra recomendación es que compres las conservas al natural y les añadas un escabeche preparado en casa. Y si quieres el toque oleoso de las conservas en aceite, puedes comprarlas igualmente al natural —por ejemplo, el atún— y añadir aceite de oliva virgen extra.

CEVICHE EXPRÉS DE CORVINA Y MANGO

INGREDIENTES

500 g de corvina blanca limpia
120 g de mango
50 g de cebolleta
1 lima
Tabasco

Azúcar
Perejil fresco
Aceite de oliva
Sal y pimienta molida

ELABORACIÓN

Corta la corvina previamente congelada y limpia en dados pequeños.

Aparte, ralla parte de la lima y juntar la ralladura en un bol con aceite de oliva, dos gotas de tabasco, un picadillo de perejil, zumo de la lima, sal, pimienta y azúcar, y bate bien.

Pela y pica la cebolleta en dados muy pequeños. Y pela y corta el mango en dados de medio centímetro.

Mezcla todos los ingredientes junto con la salsa anterior, y remueve bien. Deja reposar unos minutos antes de llevar a la mesa y sirve frío.

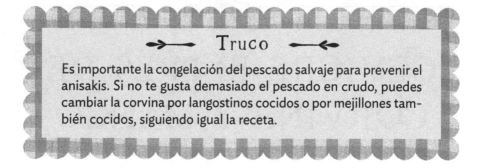

CEVICHE. ¿ESO QUÉ ES?

Cuando yo era pequeño solo había un yogur: el blanco. La leche era leche: ni semi, ni sin, ni con. El vino se vendía a granel y el jamón se comía en tacos. Si es que todo ha cambiado mucho.

Recuerdo el impacto que produjo en los niños la alimentación de Armstrong, Collins y Aldrin: se tomaban una pastilla en el espacio y era como si se comiesen medio pollo con patatas fritas, todo deconstruido en plan Ferran Adrià —Tony Leblanc se comió tres o cuatro en la película *El astronauta* y, claro, se cogió una buena indigestión—.

Pues igual que nos sorprendió lo de las pastillas nos hubiera sorprendido si nos llegan a decir que para ir a la Luna en 1969 comían ceviche. Ceviche ¿qué es eso de ceviche? También nos habríamos quedado a cuadros si nos dicen que el combustible que lanzó la MIR en 1986 estaba hecho de ceviche. Y lo mismo habría pasado si en *Armageddon,* Bruce Willis hubiera llevado la mochila repleta de ceviche para usarlo como explosivo y desviar el asteroide —qué peliculón, por cierto—.

Vamos, que nos hubiera dado igual porque era una palabra marciana. Hasta hace dos días en España nadie había oído hablar del tal ceviche. Pero hoy, si vas a un restaurante y no lo tienen, exiges la hoja de reclamaciones:

—Para empezar, nos pone un ceviche, por favor.

—Lo siento, señor, no tenemos.

—Pues nos vamos.

Igual que La Casera; al mismo nivel. Pueden no ponerte pan ni saludarte al entrar, pero no tener ceviche... Eso sí que no. Vale, pues resulta que en Perú lo llevan comiendo desde hace dos mil años. Allí es plato nacional y, según parece, su origen está entre los moche, una civilización costera que floreció en el siglo I y que, por lo que se ve, eran unos pijos.

—Camarero moche: para empezar nos pone un ceviche, por favor.

—Por supuesto, señor moche. Cómo no.

—Esto habría que llevarlo a España, que son más brutos...

—Sí, señor, los vamos a invadir de ceviche. Vamos a hundirles la paella.

A propósito, es ceviche, pero vale cebiche, sebiche y seviche... El caso es que si no hay, nos vamos.

¿QUÉ HACEMOS CON EL ANISAKIS?

El pescado crudo se ha puesto de moda, y preparaciones como los ceviches, el tartar o el sushi ya no nos son ajenas.

El pescado muchas veces viene contaminado con la presencia de un parásito que está presente en muchos peces, el anisakis. Se estima que este parásito ya infecta a cerca del 40 % de los peces marinos.

Curiosamente, los peces son un hospedador intermediario, el definitivo del anisakis son los mamíferos marinos —ballenas, delfines, focas, elefantes marinos—. Aunque los humanos no somos mamíferos marinos y nos gusta mucho más la tierra, este pequeño animal puede producirnos lesiones en el tubo digestivo y también generarnos reacciones alérgicas.

Todo el mundo que come pescado habrá consumido en su vida decenas o cientos de anisakis, pero con el correcto cocinado —por encima de 60 °C durante al menos un minuto— muere y deja de darnos problemas, y lo acabamos ingiriendo sin darnos cuenta —más proteína para el cuerpo—.

¿Dónde está, por tanto, el riesgo? En aquellas preparaciones en las que no vayamos a cocinar el pescado, como es el caso de este ceviche, donde lo tomaremos crudo.

Para garantizar que no hay ningún riesgo microbiológico tenemos dos opciones: comprar el pescado ya congelado o, si lo compramos fresco, congelarlo durante cinco días a 20 °C bajo cero. Esta temperatura la alcanzan los frigoríficos de tres o de más estrellas.

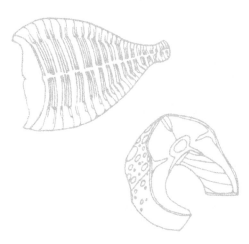

DADOS DE QUESO FRITO CON FRAMBUESA

PERSONAS	DIFICULTAD	TIEMPO	REPOSADO
4	BAJA	30 MIN	NO
		+ CONGELACIÓN	SERVIR DIRECTAMENTE

INGREDIENTES

200 g de jamón ibérico
100 g de queso curado
100 g de queso semicurado
100 g de queso gruyère
100 g de queso emmental
2 huevos

Mermelada de frambuesa
Pan rallado
Harina
Orégano
Aceite de oliva

ELABORACIÓN

Dispón en un plato amplio una base con las lascas de jamón y deja un hueco en el centro para colocar luego los quesos.

Bate en un bol pequeño la mermelada de frambuesa.

Corta los quesos en dados de dos centímetros de lado aproximadamente. Pásalos por harina, huevo y una mezcla de pan rallado y orégano, y fríelos en aceite bien caliente poco a poco hasta que estén dorados, pero no deshechos. Reserva unos segundos sobre papel de cocina.

Sirve los dados en el plato junto con el jamón y salsea con la mermelada batida.

MAMÓN

No te lo vas a creer, pero una de las primeras palabras que dijo mi hija Irene fue «mamón». Y no me miraba a mí.

Diego tenía ya casi tres años y éramos unos padres primerizos pendientes de todo lo que hiciera y de no dejarle solo. Así es que, cuando me llamaron para nombrarme matancero de honor de la Matanza Típica de Guijuelo, lo tomamos como una buena excusa para abandonar, por fin, al niño.

—Ala, aquí te quedas con los abuelos. —Y salimos zumbando.

Mi mujer, que es previsora y siempre se documenta bien, miró el recorrido Madrid-Guijuelo, buscó una buena bufanda y se hizo la prueba de la toxoplasmosis porque estaba de cuatro meses y no era cuestión de ir allí y comer judías verdes.

Era febrero de 1999 y hacía frío, mucho frío. Y una de las frases de la jornada estuvo relacionada con el tiempo:

—Está nevando, pero no creo que sea mucho.

Hubo muchas más frases, porque cada uno hacía un discurso y allí estaban José Luis Coll, Manolo Jiménez, Florinda Chico y mi compañero José María de Juana. La competencia era grande y yo no gané, pero quedó en familia porque la mejor frase, la que más se recordará de aquel día, sin ninguna duda, fue:

—Joder, cómo se está poniendo de jamón esa embarazada.

Dicen que si a los bebés les pones música clásica durante el embarazo es posible que desarrollen algunas cualidades musicales. No sé si fue fruto de aquel fin de semana y del atracón de la madre, pero entre las primeras palabras de Irene están «mamón» —jamón— y «momo» —lomo—, y nunca ha habido que explicarle la diferencia entre el serrano y el ibérico.

Diego tampoco ha olvidado ese día, aquel abandono se le quedó muy grabado. No tiene nada que ver con la gastronomía, pero lo único que dijo cuando nació su hermana fue:

—Es muy guapa, mami, pero ¿cuándo te la vuelves a meter dentro?

La verdad es que es muy mamón.

¿PUEDEN LAS EMBARAZADAS TOMAR JAMÓN SERRANO?

Entre las advertencias más extendidas en los planes de alimentación de una mujer embarazada estaba la restricción de comer carnes y pescados crudos, así como derivados lácteos elaborados a partir de leche no pasteurizada. Esto se debe a que en algunos productos de origen animal encontramos microorganismos y parásitos que podrían afectar el desarrollo del bebé, llegando incluso a provocar abortos. Uno de los más conocidos es el *Toxoplasma gondii,* el parásito responsable de la toxoplasmosis.

De las formas en las que se recomendaba preparar el jamón para hacerlo seguro era la congelación, pero es un proceso que afecta a la textura y a las propiedades de un producto curado, y para los amantes del jamón esto era casi un sacrilegio.

Estudios recientes de estabilidad de patógenos en el jamón han observado que si el proceso de curado se ha hecho correctamente y es superior a los dieciocho meses, el parásito no puede sobrevivir. Esto indicaría que la propia curación computa como un proceso de «cocinado» más, pudiendo incluir de nuevo este producto en las listas de alimentos permitidos. El problema es certificar que ese tiempo se ha cumplido con total garantía, de modo que personas que lo quieran consumir han de escoger fabricantes que aseguren que el curado se ha producido durante al menos ese año y medio.

Aunque una nueva posibilidad se abre en muchos embarazos. Este dato se puede considerar casi una anécdota. El jamón, como cualquier otra carne roja procesada, no es un alimento especialmente interesante durante el periodo de gestación. Vale más la pena concentrar la atención de higiene alimentaria en que las frutas, verduras y hortalizas que se ingieran estén correctamente desinfectadas. Esto es importante sobre todo en las preparaciones que se vayan a consumir en crudo.

TARTAR DE
LANGOSTINOS Y MANGO

PERSONAS
4

DIFICULTAD
BAJA

TIEMPO
45 MIN

REPOSADO
5 MIN

INGREDIENTES

700 g de langostinos cocidos
20 g de alcaparras
1 mango grande
(que no esté demasiado verde)
1 cebolleta

1 limón
Albahaca fresca
Aceite de oliva
Sal y pimienta molida

ELABORACIÓN

Pela los langostinos y córtalos en pequeños trozos. Añádelos en un bol y mezcla con un picadillo de albahaca, alcaparras y cebolleta.

Pela el mango y córtalo en dados también muy pequeños.

Bate en un bol aceite, ralladura de limón, sal y pimienta.

Monta con un molde metálico una capa base con el mango y sobre ella otra de la mezcla de langostinos. Salsea por encima y decora con alguna hoja de albahaca entera.

Retira el molde y sirve frío.

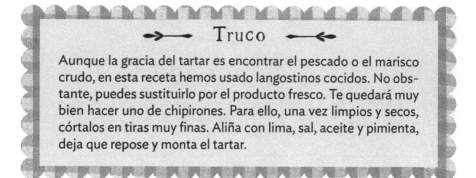

TARTAR DE LOS TÁRTAROS

Ha sido ver lo del tartar y me he acordado de mis álbumes de cromos. Recuerdo los de fútbol, los favoritos de los niños, y ese Real Madrid con García Remón, Miguel Ángel, José Luis, Touriño, Rubiñán, Benito —qué bestia—, Verdugo, Pirri, Zoco, Andrés, Amancio, Aguilar, Netzer, Velázquez, Planelles y Macanás. También había uno de naturaleza que era precioso. Con los mamíferos, los peces, los anfibios, las mariposas... Otro brutal era la Biblia. De entrada, te regalaban un cromo para la página central que tenía el tamaño de dieciséis cromos juntos y que representaba a Moisés abriendo las aguas —que a mí me extrañaba mucho que se abrieran y que no estuviera todo lleno de algas, gambas y mejillones, pero bueno—.

Es que ha sido ver lo del tartar y acordarme del álbum Batallas históricas y de unos guerreros a caballo que podían ser hunos, mongoles o tártaros. Y recordar otra colección en la que venían no-sé-cuántas razas humanas —ya serían pueblos— entre los que estaban los kirguisos, los kasakos, los uzbecos, los buriatos y los tártaros. Y pensar en Julio Verne y su *Miguel Strogoff,* que tuvo que atravesar Siberia en plena invasión tártara para advertir al hermano del zar sobre los planes del traidor Ogareff.

El tartar viene de los tártaros, se pongan como se pongan los franceses y los polinesios, porque dicen que en la Polinesia se consumía a diario carne cruda y de allí pasó a los restaurantes franceses a principios del siglo xx con el nombre de *beefsteak a la tartare*. La teoría más contundente y que más me gusta a mí es que, en la Mongolia del siglo xiii, los jinetes tártaros, que eran capaces de dormirse sobre sus caballos, colocaban la carne bajo la silla para desangrarla, ablandarla y poder comerla.

Malas lenguas dicen que la ponían allí para proteger y curar a los caballos de las heridas producidas por el roce de la silla y que, además, la sudoración del caballo la estropearía. Es posible, pero dudo mucho que unos temibles guerreros fueran tirando trozos de carne por la estepa y más teniendo a mano su salsa tártara, capaz de eliminar el sabor a sudor y a podrido —se la hacían sus mamás y se la ponían en una «tartera» antes de salir de casa—.

El tartar ha pasado de plato «de batalla» sudado a plato sofisticado y elegante con variaciones más allá de la carne: atún, salmón, tomate, remolacha, fresas, langostinos y mango... Y pasa como con el ceviche, que es obligado en carta:

—Vaya, no tienen ceviche... ¡tendrán tartar!

—No, tampoco.

—Pues nos volvemos a ir.

¿POR QUÉ LAS CABEZAS DE LAS GAMBAS SE PONEN NEGRAS?

Hace años no era raro observar cómo la cabeza e incluso las patas de las gambas se tornaban oscuras. Este proceso se conoce como melanosis, y sucede en algunos mariscos en los que una enzima provoca este cambio de coloración. Esto es interpretado como que son de poca calidad o que no se han conservado bien. Para evitar esto se recurre a unos aditivos, los sulfitos, que es probable que te suenen por los procesos de vinificación, ya que se trata de los conservantes por excelencia del vino.

Debido a que los sulfitos son compuestos que, aunque seguros, no son inocuos, se recomienda evitar ingestas muy altas de los mismos. Hay personas sensibles a ellos que tienen reacciones más agresivas que la población general. Pero el verdadero motivo por el que se puso en entredicho chupar las cabezas no fue tanto por los sulfitos, como mucha gente cree, como por los metales pesados. En las cabezas de las gambas y de otros animales similares encontramos el cefalotórax, una parte del cuerpo donde se juntan algunos órganos que metabolizan los tóxicos —a efectos prácticos es como si tuviesen el corazón y el hígado en la cabeza—.

Desde el año 2011 la Agencia Española de Seguridad Alimentaria y Nutrición pide no chupar la cabeza de los mariscos porque tienen un contenido considerable de cadmio. De ese modo evitamos que se almacene en el cuerpo y que nos genere problemas de toxicidad. El cadmio es un metal pesado que se acumula también a través del tabaco en personas fumadoras.

No es grave chupar las cabezas de las gambas de manera eventual, pero se desaconseja que sea un hábito frecuente.

COCIDO DE CALABAZA, GARBANZOS Y GALLINA

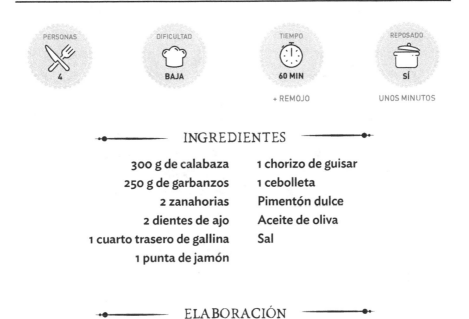

PERSONAS
4

DIFICULTAD
BAJA

TIEMPO
60 MIN
+ REMOJO

REPOSADO
SÍ
UNOS MINUTOS

INGREDIENTES

300 g de calabaza
250 g de garbanzos
2 zanahorias
2 dientes de ajo
1 cuarto trasero de gallina
1 punta de jamón

1 chorizo de guisar
1 cebolleta
Pimentón dulce
Aceite de oliva
Sal

ELABORACIÓN

La víspera, pon los garbanzos en remojo en agua tibia con una pizca de sal.

Cuécelos partiendo de agua hirviendo junto con la gallina, el chorizo, la punta de jamón, las zanahorias enteras y peladas y la cebolleta. Cocina en una olla a presión durante 30-35 minutos.

Aparte, pela la calabaza y córtala en dados pequeños. Saltea en una sartén con unas gotas de aceite y, cuando empiece a estar tierna sin que llegue a romperse, añade los ajos picaditos. Dora ligeramente y agrega pimentón.

Una vez blandos los garbanzos, tritura las zanahorias y la cebolleta con parte del agua de la cocción. Trocea la carne de la gallina sin hueso y el chorizo.

Añade las hortalizas trituradas sobre el salteado de calabaza, incorpora la carne, los garbanzos y vete añadiendo caldo. Debe quedar con una textura similar a un guiso.

Comprueba el punto de sazón y sirve en un plato hondo.

➤ Truco ◄

Si te sobran garbanzos cocidos, no los tires. Déjalos secar sobre papel de cocina y métalos en el horno a 190 °C, con calor arriba y abajo. Deja que se deshidraten y que queden crujientes. Salpimienta y acompaña con un poco de salsa alioli. Disfruta de un snack divertido y diferente.

MENÚ DE TODOS LOS DÍAS: COCIDO

Muchos restaurantes anuncian: «HOY, COCIDO COMPLETO». Suele ser los miércoles y la gente se alegra mucho.

Yo no tenía problema para comer o no comer cocido; si me apetecía, podía hacerlo cualquier día de la semana: lunes, martes, miércoles, jueves, viernes y sábado. Si mi abuela María ponía coliflor, o patatas con arroz, o patatas con sopas —plato que, afortunadamente, no he vuelto a ver en mi vida—, yo desertaba y me iba a casa de la abuela Tomasa porque sabía lo que había de comer: cocido. Todos los días. Todos.

Entrabas y olía desde primera hora de la mañana. La foto sería la propia de un restaurante de postín de los de hoy especializado en cocidos: la lumbre en el suelo y el puchero cerca de las ascuas, pero sin llegar a tocarlas. Al «chup chup». Y las tenacillas, el atizador, la escobilla y el fuelle.

Nos sentábamos en la mesa camilla cubierta con aquel mantel de hule del mapa de España que tenía una Castilla la Nueva, una Castilla la Vieja con salida al mar por Santander y un Albacete manchego hermanado con la huerta murciana... y a comer cocido sin echarle teatro a los vuelcos. Y ensalada. También me sale el recuerdo de aquella ensalada con sabor a verde, a aceite fuerte, a vinagre fresco y cargada de agua que luego se bebía mi abuelo Miguel.

Habrás notado que he dicho que se comía cocido todos los días de la semana, pero no he mencionado el domingo. El domingo no había cocido en casa de la abuela Tomasa porque era día de pollo. Y si «por un casual» la abuela María ponía cocido el domingo y yo había huido el viernes o el sábado de sus menús menos apetecibles, podía evitarlo apuntándome al pollo de los domingos de su consuegra.

GARBANZOS. BUENOS PARA LA SALUD Y PARA EL PLANETA

Los garbanzos han sido nutricionalmente uno de los alimentos más infravalorados de nuestra gastronomía. Lo han sido en general las legumbres, pero de manera particular el garbanzo.

Durante mucho tiempo se dijo que la única proteína que había completa —y que por eso teníamos que consumirla a diario— era la de la carne y el pescado—. Sin embargo, desde los años ochenta tenemos la certeza de que la vegetal puede cubrir de sobra todos nuestros requerimientos, y que dentro de estos productos vegetales hay unos que destacan por su aporte de proteína: las legumbres. Además, algunas tienen proteínas completas sin necesidad de complementarlas con otros productos —antes se recomendaba también mezclarlas con cereales en cada ingesta; ahora sabemos que no es necesario, sino que lo importante es que estén presentes a lo largo del día—. Algunos ejemplos de legumbres con proteína completa son las alubias, los garbanzos y la soja. Motivo por el que ciertos productos como el humus, el tofu, la soja texturizada son tan populares en dietas sin carne.

Desde el punto de vista medioambiental, los garbanzos nos permitan aportar la misma cantidad de proteínas con diez veces menos gasto e impacto para el medio ambiente. Es mucho más ineficiente tener que alimentar a un animal para sacrificarlo y comérnoslo, que tomarnos directamente nosotros la proteína de origen vegetal. Los garbanzos son también fuente de fibra, de minerales, de hidratos de carbono de absorción lenta, por lo que es un alimento muy saciante que utilizamos en muchos tipos de dietas.

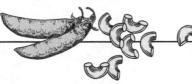

CAZUELA DE FIDEOS CON CONEJO

PERSONAS	DIFICULTAD	TIEMPO	REPOSADO
4	BAJA	45 MIN	NO

SERVIR DIRECTAMENTE

INGREDIENTES

600 g de conejo
150 g de judías verdes
110 g de fideos gruesos
2 dientes de ajo
½ cebolla

Pimentón dulce
Caldo de ave
Aceite de oliva
Sal

ELABORACIÓN

Deshuesa el conejo y córtalo en porciones de igual tamaño.

Sofríe en una paella o recipiente bajo y amplio los ajos y la cebolla picados finamente. Añade luego las judías verdes troceadas y el conejo, y dora todos los ingredientes.

Agrega los fideos y pimentón, y rehoga unos segundos. Cubre con caldo hirviendo y cuece durante 8 minutos. Deben quedar los fideos ligeramente al dente. Sirve caliente.

FIDEUÁ. FIDEUADA. FIDEUÀ

—Aquí tenéis la comida.

—¿Pero qué es eso?

—Son fideos; lo siento, es que se me han...

—Pues está cojonudo.

—... es que estoy innovando y creando la nueva cocina de Gandía.

La escena pudo ser más o menos así. Pero da igual, porque tampoco está claro quién fue el inventor ni los motivos del invento.

Parece que todo ocurrió allá por el 1912 o 1913 o 1914 —mal empezamos—. La Santa Isabel era una de las barcas que salían a faenar todos los días desde el Grao de Gandía y el cocinero quiso preparar una buena paella en alta mar para los marineros: con sus gambas, sus cigalitas, el rape, el caldo de morralla... Todo estaba listo para echar el arroz, cuando vio que no había arroz. Drama.

Buscó por la pequeña despensa y solo encontró espaguetis. Los troceó, los añadió a la paella y nació la fideuá. Bueno, nació algo sin nombre a lo que los marineros, en plan democracia, llamaron fideuá; tal cual, sin traducción. Luego le pusieron el apellido «de Gandía». Pero lo cierto es que rondan algunas variaciones en esta historia:

— Que el cocinero de la Santa Isabel se llamaba Gabriel Rodríguez Pastor.

— Que el motivo de usar fideo no fue el olvido del arroz, sino que el capitán del barco era muy ansioso con el arroz y dejaba a parte de la tripulación sin su ración y dijeron: «Pues te vas a enterar».

— Que esa fue la historia, pero que la idea de poner fideo no fue del cocinero, sino de Bautista Pascual Sanchís, más conocido como Zabalo que, con diez años, ya formaba parte de la tripulación y ayudaba a Gabriel en la cocina.

— Que el patrón glotón se llamaba Maseta.

— Que otros dan el nombre de Zabalo al capitán y no al pinche.

—¿Sería Maseta el pinche?

Ya se sabe que cuando una historia se cuenta muchas veces...

En cualquier caso, fue de la mano del chef Emilio López, cocinero del hotel Europa, cuando la fideuá alcanzó fama nacional e internacional, siendo reclamo turístico y protagonista de un concurso que nació en 1974 y que organiza la Asociación Gastronómica Fideuà de Gandía. Por cierto, como todo estaba preparado para hacer paella, el recipiente oficial que se utiliza para la fideuá es la paella y el fideo es fideo; del gordo, pero fideo. ¿O alguien se imagina a la tripulación de la Santa Isabel haciendo el agujerito a los espaguetis? Lo del fideo de fideuá con agujero... es otra historia.

¡MÁS VERDURA CON PASTA Y MENOS PASTA CON VERDURAS!

Una tendencia reciente ha puesto a los hidratos de carbono en el punto de mira, señalándolos como los principales culpables del sobrepeso y la obesidad. Por supuesto, no podemos llegar a esa conclusión tan simplista, pero sí que hay que tener en cuenta que son el macronutriente más prescindible de todos, porque tiene una función exclusivamente energética. Cosa que no sucede con las proteínas o las grasas, que tienen que estar presentes sí o sí en la alimentación.

Por este motivo, en dietética se recomienda que la ingesta de hidratos de carbono sea acorde a la actividad física que haga cada persona.

Con esta información es fácil deducir que sí que se puede consumir pasta en una dieta saludable, incluso en una dieta de adelgazamiento, pero sabiendo que es un alimento no muy conveniente ni interesante por su densidad energética. Es decir, la pasta, al tener unas características muy energéticas y ser muy densa, no te lo va a poner fácil, ni sería lo más recomendable, pero por poder, se puede.

Si queremos que esté presente en la dieta de manera regular, mejor que se prepare en pequeñas raciones y que se acompañe siempre de otras comidas de interés como, por ejemplo, verdura y alimentos proteicos —eso nos va a permitir amortiguar su efecto y su absorción—, pero que la pasta en sí misma no sea la protagonista de esa ingesta, sino una simple guarnición.

Además, si la pasta la consumimos al dente, su almidón no va a estar tan accesible, no va a ser tan fácil de digerir, y, por lo tanto, su absorción va a ser mucho más lenta y progresiva. De este modo vamos a evitar un pico y una variación en nuestra glucemia tan fuerte como lo esperado.

Junto a este efecto fisiológico en la digestión también tenemos otro mucho más perceptible para los sentidos, y es que la pasta al dente tiene una textura más dura y resistente a la mordida. Esto también va a convertir este plato en una preparación más saciante.

CODORNICES TOSTADAS CON PANADERAS

PERSONAS	DIFICULTAD	TIEMPO	REPOSADO
4	BAJA	1 H	NO

SERVIR DIRECTAMENTE

INGREDIENTES

8 codornices limpias
4 patatas
1 pimiento verde
1 cebolla
1 limón

Vino blanco
Cúrcuma
Aceite de oliva
Sal

ELABORACIÓN

Mezcla en un bol aceite de oliva con la ralladura de limón, el zumo del mismo, una pizca de sal y cúrcuma. Pinta las codornices previamente bridadas (así evitarás que se abran durante el asado) tanto por dentro como por fuera.

Pela las patatas y la cebolla, y córtalas en láminas finas. Corta también el pimiento, pero en tiras. Saltea los tres ingredientes en una sartén hasta que tengan color. Disponlos en una bandeja, sazona y coloca encima las codornices. Ásalas a 180 °C durante 40 minutos, y riégalas de vez en cuando con vino blanco.

Una vez tiernas las patatas y doradas las codornices, coloca en una fuente una base de patatas y sobre ellas las codornices.

MADRID NO ES LUGAR PARA CODORNICES

Mi padre era cazador. Como ya ha prescrito, puedo decir que disparaba a todo lo que se movía. Algunas mañanas me despertaba con aquel ruido en el patio de mi casa:

—Chas, chas, chas.

Eran mi padre y sus amigos despiezando con el hacha un ciervo o varios jabalíes. Era divertido, pero lo que más me gustaba era cuando me traían algún animal vivo: un conejito, una perdiz, una tórtola, una codorniz. No sé qué pasaba, era un misterio, pero los conejitos se escapaban siempre cuando aún estábamos en el pueblo.

—Pues se habrá ido esta noche —me decía mi padre.

Nunca logré volver con uno a Madrid, preferían quedarse en el campo. Pero los pájaros eran más fáciles, los metíamos en una jaula y viajaban encima de las rodillas de la abuela.

Me acuerdo de dos codornices a las que tenía mucho cariño. Yo les daba de comer; las cogía en una mano, apretaba un poco el pico y, con la otra, les metía en la boca los granos de trigo. Y les ponía el agua todos los días.

Una mañana de domingo me levanté y vi la puerta de la jaula abierta. Lloré un buen rato desconsoladamente mientras mi madre intentaba, precisamente, consolarme.

Es que se han ido volando —decía yo—, es que no encontrarán trigo en Madrid, es que el campo está muy lejos, es que bajarán al suelo y las va a pillar un coche, es que...

Al final se me pasó. Y comimos arroz con un pollo pequeñito. ¿O quizás fue pollo tostado con panaderas? No recuerdo.

CÚRCUMA, LA ESPECIA DE LA QUE TODO EL MUNDO HABLA

Si hay una especia de la que se ha escrito mucho y que se ha puesto de moda durante los últimos años es, sin duda, la cúrcuma.

Hasta esta reciente corriente que la pone dietéticamente por las nubes, la cúrcuma era ese botecito que estaba en el cajón de las especias un poco olvidado, más usado dentro del curry —del que forma parte y al que da su característica coloración—, pero sin ser tan famoso como lo está siendo ahora.

Ha llegado a alcanzar niveles de popularidad tan grandes que incluso hay gente que la prepara en lo que se conoce como leche dorada, un chute nocturno de cúrcuma y leche —porque ayuda a mejorar su absorción— antes de dormir.

Y es cierto que debemos tener en cuenta sus propiedades como herramienta dietética, dado que tiene una importante bibliografía científica detrás con sus efectos antioxidantes y antiinflamatorios. Al césar lo que es del césar.

A pesar de que se le ha atribuido su función beneficiosa a uno de sus compuestos, la curcumina, recientemente se tiene mucho más interés en otros elementos bioactivos que hay en su composición. De modo que es todavía más interesante incorporarla como especia completa, ya que incluiríamos todos estos compuestos.

Aunque hoy hay unos datos muy prometedores que muestran cómo la cúrcuma podría ayudar en el abordaje dietético de muchas enfermedades —sobre todo en aquellas que cursan con la inflamación y con el estrés oxidativo—, no debemos olvidar que es esencial considerar qué cantidades y qué frecuencia estamos haciendo en la incorporación de la especia en nuestra dieta. No pensemos que por incorporarla una vez a la semana vamos a tener todos esos resultados tan prometedores que podemos leer en los estudios científicos, ¿vale?

Prioricemos tener siempre una dieta saludable, y si luego queremos tener una ayuda extra, utilizamos entonces sí la cúrcuma con nuestros sofritos, nuestras sopas, nuestros curris, y, por supuesto, en recetas como esta.

MILHOJA DE BRANDADA DE BACALAO

PERSONAS
4

DIFICULTAD
MEDIA

TIEMPO
50 MIN

REPOSADO
NO

SERVIR DIRECTAMENTE

INGREDIENTES

1 plancha de hojaldre
500 g de bacalao desalado
50 ml de leche
2 dientes de ajo
1 patata cocida

1 huevo
½ puerro
Crema de marisco (opcional)
100 ml de aceite de oliva
Sal

ELABORACIÓN

Extiende el hojaldre y amásalo con un rodillo ligeramente, de manera que a la hora de hornearlo suba un poco menos. Corta porciones cuadradas o rectangulares de igual tamaño, no demasiado grandes. Pincha con un tenedor y pinta con huevo batido. Hornea a 190 °C, con calor arriba y abajo, hasta que esté dorado y crujiente. Retira y deja enfriar.

Aparte, da un brevísimo hervor al bacalao, retira la piel y las espinas, desmiga y reserva la carne.

Sofríe con algo de aceite los ajos picados muy finos. A continuación, agrega el puerro troceado de igual manera. Una vez tierno, incorpora el bacalao y mezcla enérgicamente hasta que lo desmenuces. Añade poco a poco el aceite hasta que sea absorbido por el bacalao. Vierte también poco a poco la leche y agrega la patata cocida y troceada. Tritura con la batidora hasta que obtengas una crema suave y compacta.

Dispón una base de hojaldre. Pon sobre ella una capa de brandada, luego coloca otra de hojaldre y termina con otra de brandada. Calienta el grill y dora unos segundos.

Sirve en el plato una base caliente con la crema de marisco y sobre ella la milhoja.

>→→ **Truco** →←

Si vas a cocinar bacalao y en la receta tienes que retirar la piel, no la tires, podrás sacarle partido de dos formas. Por un lado disponla sobre papel de cocina, métela en el microondas a potencia alta y déjala hasta que quede crujiente (tipo torreznos en versión del mar). Por otro, ponla al baño maría con aceite y mantén unos minutos a temperatura suave (liberará gran cantidad de gelatina). Este aceite lo puedes emplear para elaborar el famoso bacalao al pilpil, lo que te ayudará a emulsionar la salsa más fácilmente.

ES UN MILAGRO QUE AÚN EXISTA EL BACALAO

Los niños de hoy ya no ven la relación entre el bacalao y los viernes, entre el bacalao y la Semana Santa, entre el bacalao y la Iglesia. Los niños de hoy ya casi ni identificarían una pieza de bacalao salado.

El bacalao es un pescado tan importante en la historia de la humanidad que se cuentan mil cosas sobre él. Dicen que los vikingos curaban el bacalao al aire para luego masticarlo durante horas como alimento, y que en el siglo x lo llevaron a Islandia y Groenlandia. Cuentan que los primeros secaderos de bacalao en plan industrial se construyeron en Noruega e Islandia y lo exportaron al resto de Europa. Se sabe que en España recaló en el País Vasco y allí le incorporaron la sal para prolongar su conservación, algo que ya se hacía en el Mediterráneo.

También se cuenta que nuestros hombres del norte fueron muy lejos en busca del bacalao y que cuando Colón fue donde fue ya había una vereda en el océano. Otros dicen que sí, pero que el primer surco ya lo habían hecho los vikingos. Mil historias.

El caso es que en el siglo XVI, el 60% del pescado que se comía en Europa era bacalao. Y tiene su lógica, porque en aquellos tiempos el pescado no podía llegar en buenas condiciones desde los puertos costeros hasta las zonas de interior. La técnica de la salazón permitía comer pescado en un Ciudad Real o en un Albacete.

Ahora ya no comemos tanto bacalao porque tenemos otras ofertas del mar. El pescado llega al punto más pequeño de España en pocas horas —dicen que el mejor puerto está en Mercamadrid—. Hoy es el avión, pero el primer golpe al bacalao se lo dio el tren: con la construcción de las grandes líneas ferroviarias, el pescado fresco llegaba envuelto en hielo a las zonas de interior y la salazón empezó a perder atractivo.

En la actualidad el bacalao es apreciado en sí mismo, no por necesidad o por exclusividad. Y hay muchas más opciones que el potaje de vigilia: el pilpil, a la vizcaína, al horno, à brás, en croqueta... o esta brandada de bacalao en milhoja.

BACALAO, PESCADO BLANCO

Pescado blanco y pescado azul, gracias a estas dos terminologías hemos clasificado durante los últimos años los dos grandes grupos de pescado acorde a sus propiedades. Además, existen los pescados semigrasos, pero esta clasificación es menos conocida.

El bacalao pertenece al grupo del pescado blanco, también nos solemos referir a este tipo de pescado como «pescado magro»; son peces que por lo general tienen menor cantidad de grasa en las partes más comúnmente comestibles. Eso no quiere decir que este pez no almacene grasa sino que lo hace en otros lugares del cuerpo, como es el caso del hígado. Durante mucho tiempo se recomendaba el hígado de bacalao como fuente de grasa animal, aunque hoy esa práctica está en desuso porque se acumulan en este órgano muchos metales pesados.

Por el contrario, el pescado azul también conocido como «pescado graso» tiene un mayor porcentaje de grasa en las partes musculares. Ejemplos de este tipo de pescado serían las anchoas, los boquerones, el atún, el salmón...

Durante mucho tiempo este pescado no tenía tan buena fama como hoy en día, precisamente por su mayor aporte de grasas. Con estudios más recientes hemos aprendido que esta grasa es en realidad beneficiosa para nuestro organismo, la mayoría de ella está compuesta por los famosos ácidos grasos omega 3.

A pesar de que mucha gente cree que este omega-3 está únicamente en el pescado azul, igualmente nos lo podemos encontrar en el pescado blanco, aunque obviamente en concentraciones más bajas.

ALMEJAS SALTEADAS CON MARINERA PICANTE

PERSONAS
4

DIFICULTAD
BAJA

TIEMPO
35 MIN

REPOSADO
NO

SERVIR DIRECTAMENTE

INGREDIENTES

800 g de almejas vivas
100 g de jamón curado
1 vaso de fumet
½ vaso de vino blanco
4 dientes de ajo
1 cebolla

1 cayena
Perejil fresco
Azafrán molido
Harina
Aceite de oliva
Sal

ELABORACIÓN

Purga las almejas en agua con una pizca de sal para que liberen la arena que pudiesen traer. Escurre bien y reserva.

Tritura en la batidora aceite, dos dientes de ajo y perejil fresco. Añade este aliño sobre las almejas y mantén unos minutos para que se impregnen bien del sabor y aroma.

Aparte, sofríe el resto de ajos picados finamente con aceite, agrega la cebolla cortada también en pequeños dados junto con la cayena y el jamón. Cuando la cebolla esté tierna y con algo de color, espolvorea una pizca de harina, rehoga, riega con el vino y deja que se evapore por completo. Acto seguido, echa el fumet y azafrán molido, y cuece todo durante 10 minutos a fuego medio. Comprueba el punto de sal.

Prepara una sartén con tapa y caliéntala sin aceite (es decir, solo la sartén). Luego añade las almejas, sube el fuego y saltea unos segundos. Tapa la sartén y deja que el vapor ayude a abrirlas. Es muy importante que estén el mínimo tiempo posible al fuego para evitar que se deshidraten.

Sirve una base de salsa y sobre ella dispón las almejas.

➤ ➤ **Truco** ◀ ◀

Existe una técnica culinaria por la que podrás disfrutar al máximo de la intensidad del marisco, en particular de bivalvos como berberechos, mejillones o las propias almejas. Se trata de calentar un recipiente con tapa y sin añadir nada de aceite o agua. Una vez bien caliente, sube el fuego, añade el marisco y riega con un chorro de aceite. Tapa y agita fuertemente. En unos segundos se abrirán todos a la vez manteniendo su sabor, textura y jugosidad.

ALMEJAS Y NABOS

La primera vez que ocurrió nos pilló por sorpresa. Estábamos cocinando en directo en TVE y a una famosa presentadora —de la que no diré el nombre— le dio un ataque de risa. De esas que por más que quieras no se pueden evitar. Consigues parar, crees que lo tienes controlado, pero vuelve. Y no hay manera. He visto situaciones muy complicadas, ataques de risa mientras se contaba un atentado, un accidente, una desaparición. Yo metí la pata en la radio hablando de una inundación con muertos y se lio una buena en el estudio. Se pasa fatal.

En este caso la palabra que provocó la carcajada fue un simple nabo. Sergio dijo «nabo» y la conocida presentadora —omitiré el nombre— soltó la primera carcajada. El cocinero se quedó extrañado porque, para la profesión, el nabo puede dar la misma risa que el apio. El problema era que el plato llevaba nabos y, por tanto, no nos podíamos quitar el nabo de la boca. Es más, como yo no soy cocinero, entiendo que un nabo tiene más gracia que un apio y me acuso personalmente de haberlo dicho más de lo necesario: nabo, nnnabo, NABO.

Nuestra afamada presentadora —no, no me pidas que lo diga— tenía una técnica muy particular para disimular la risa: se hacía la entretenida cortando cebolla, bajaba la cabeza y apretaba la barbilla contra su pecho —perdón— con el fin de evitar la cámara. Pero los movimientos de su cuerpo la delataban. Lo pasamos pipa aquel día.

Eso fue la primera vez; la quinta —o sexta— fueron las almejas. La popular presentadora —no voy a decir ni la primera letra de su nombre— oyó la palabra «almeja», me miró y lo vi venir. El cocinillas empezó explicando que había que purgarlas poniéndolas en agua con gas —sonido de carcajada contenida— para estimularlas —ya era inevitable— y que se abrieran —apoteosis—. Hoy, por si faltaba algo, las almejas que tenemos son picantes.

Sergio ponía mucho cuidado en sus recetas y, cuando era posible, evitaba algunos ingredientes. Pero era difícil porque nunca sabíamos dónde podría saltar la liebre. Con un buen conejo, por ejemplo, unas sencillas peras, un queso de tetilla, un par de huevos, unas pechugas, un *culán* —coulant—. Cualquier excusa era buena para la entusiasta presentadora. Siento mucho no dar su nombre. No insistas, soy un caballero.

LAS ALMEJAS NO SIENTEN

Hay una curiosidad sobre algunos moluscos como los monovalvos —lapas— o los bivalvos —almejas, berberechos, mejillones...— que a veces es ignorada, y es que se trata de animales no sintientes. Esto se debe a que no tienen sistema nervioso central, y algunas sensaciones como el dolor no las perciben. Por supuesto son animales que siguen respondiendo ante estímulos y que tienen la capacidad de desplazarse, moverse y reproducirse —al fin y al cabo, son animales—, pero que no sufren ni tienen otras sensaciones complejas.

Como cada vez está más presente en las motivaciones de la dieta no generar sufrimiento animal, hay personas que están utilizando a la familia de las almejas como alternativa a otros productos como la carne y el pescado.

Por otro lado, y aunque esto sea así, sigue habiendo gente que escoge no tomar alimentos de origen animal, independientemente de que sufran o no para no generar dudas. El veganismo, por ejemplo, no distingue entre tipos de animales.

También hay que recordar que no solo consumimos productos de origen animal o vegetal, tenemos otros reinos como el fungi —setas y levaduras— y el protista —algas— que también incorporamos a la dieta.

ALUBIAS CON HORTALIZAS

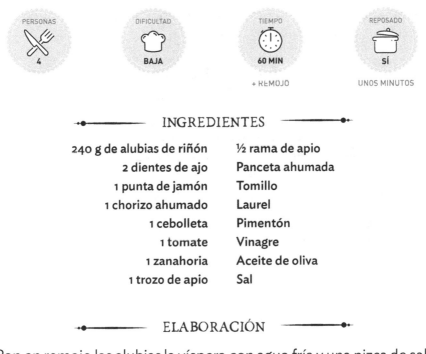

PERSONAS	DIFICULTAD	TIEMPO	REPOSADO
4	BAJA	60 MIN	SÍ
		+ REMOJO	UNOS MINUTOS

INGREDIENTES

240 g de alubias de riñón	½ rama de apio
2 dientes de ajo	Panceta ahumada
1 punta de jamón	Tomillo
1 chorizo ahumado	Laurel
1 cebolleta	Pimentón
1 tomate	Vinagre
1 zanahoria	Aceite de oliva
1 trozo de apio	Sal

ELABORACIÓN

Pon en remojo las alubias la víspera con agua fría y una pizca de sal.

Lava las hortalizas y pela aquellas que sean necesarias. Déjalas enteras.

Echa en una olla las alubias con agua fría, las hortalizas enteras, la punta de jamón, la panceta, el chorizo y las hierbas aromáticas. Comienza la cocción con fuego fuerte, desespumando las impurezas. Cuando rompa a hervir, mantén a fuego medio y asústalas de vez en cuando con agua fría. Una vez que estén tiernas, corta la cocción y retira las hortalizas. Tritúralas hasta obtener un puré espeso.

Añade un poco de aceite en una sartén, agrega los productos cárnicos picados y un poco de pimentón. Antes de que se queme, riega con unas gotas de vinagre y cocina hasta que se evapore. Incorpora el puré de hortalizas y da un hervor.

Junta las alubias con el preparado anterior y rectifica el punto de sal si fuera preciso. Sirve caliente.

➜ Truco ⬅

En más de una ocasión se nos olvida poner en remojo las alubias, chafando así la intención de hacer un sabroso guiso en días de otoño e invierno principalmente. Siempre podemos recurrir a las que ya vienen cocidas, de las que nos hablará Aitor. Pero hay otra opción para evitar este olvido. Cuando pongas alubias en remojo, añade el doble de las que necesites. Una vez hidratadas, escurre la mitad y guárdalas en una bolsa de congelación. Mete en el congelador y de esa manera siempre las tendrás listas para cocinar.

EL SUSTANCIERO

—Sustaaaaancia, ¿quién quiere sustancia para el pucheeeero? Traigo un hueso riquísimo.

—Deme usted una perra gorda —decía una pobre mujer que tenía al fuego una olla con agua, sal, dos patatas y un nabo.

—Ya mismo —contestaba el sustanciero.

—Pero a ver si me la sirve a conciencia, que el domingo pasado retiró usted el hueso demasiado pronto.

—No tenga cuidado, señora. Ya verá qué puchero más sabroso le sale hoy.

El hombre sacaba del morral un hueso de jamón o un trozo de tocino atado a un cordel y lo introducía en el caldero mientras contaba el tiempo en su reloj. Era un prestamista de sabores, un alquilador de sustancia en la España de la pobreza y el hambre.

Mucha gente cree recordar que por su pueblo pasaba uno. Hay quien jura y perjura que alguien de su familia ejerció este oficio. Algunos incluso establecen la tarifa en «a peseta el cuarto de hora». Pero también se dice que es personaje de invención.

En cualquier caso, historias de gente ambulante que se ganaba el pan en los caminos. Historias como las de otros que sí, seguro, existieron: el quincallero —vendedor y reparador de objetos de metal—, el arropiero —fabricante y vendedor de arropía—, el chamarilero —comerciante de objetos viejos y usados—. Eran oficios decentes, oficios de gente humilde y honrada, pero que, en algunos casos, también dejaron historias para la crónica negra. De la quincalla salió Eleuterio Sánchez, el Lute; Manuel Delgado Villegas era el Arropiero, el mayor asesino en serie español, que confesó la muerte de cuarenta y ocho personas; y de la buhonería, especializado en telas, surgió Manuel Blanco Romasanta, el hombre lobo de Allariz, el hombre del saco, el sacamantecas.

Aquí preferimos la leyenda del sustanciero a la realidad del sacamantecas, porque uno dejó cadáveres mientras que otro dejó recuerdos entrañables y un refrán: «A la olla de enero, ponle buen sustanciero».

ALUBIAS COCIDAS,
¿IGUAL DE SALUDABLES?

La legumbre cocida es un recurso especialmente útil para mantener un consumo frecuente de legumbres, sobre todo en aquellas que tenemos que dejar en remojo y que requieren una cocción larga, como es el caso de los garbanzos y las alubias.

Gracias a que existe este preparado en los supermercados lo tenemos mucho más fácil. Sin embargo, mucha gente se pregunta si son o no saludables en esta versión «listo para consumir», de bote. Ya sabes, por el miedo o la desconfianza a cómo es el proceso.

No hay ningún problema y son excelentes recursos. La mayoría de botes de legumbres tienen solo agua y sal, y como mucho la adición de algún antioxidante para que no se pardeen y les cambie el color.

Aunque muchos las enjuagan antes de la preparación, hay que decir que no es imprescindible; dependerá de la receta. Si, por ejemplo, quieres una ensalada en la que las alubias estén un poco más sueltas, sí que tiene sentido enjuagarlas. Si, por el contrario, quieres espesar un guiso, no pasa nada porque ese líquido de gobierno lo incluyas directamente con todas esas proteínas y almidones que han pasado al agua que ayudaba a conservarlas. De todos modos esta decisión depende de si gusta o no el sabor que le deja a la legumbre.

En algunas técnicas de cocina se utiliza el agua que viene como ingrediente de repostería. Se le llama aquafaba. Al ser un líquido con un contenido de proteínas considerable se puede montar y usar en algunas recetas en sustitución del huevo. Ideal, por ejemplo, para hacer un merengue vegano o para personas alérgicas al huevo.

CHIPIRONES RELLENOS DE MANZANA A LA PLANCHA

PERSONAS
4

DIFICULTAD
BAJA

TIEMPO
40 MIN

REPOSADO
NO

SERVIR DIRECTAMENTE

INGREDIENTES

20 chipirones
2 manzanas golden
3 dientes de ajo
1 lima

1 manojo de perejil fresco
Aceite de oliva virgen extra
Sal en escamas

ELABORACIÓN

Limpia los chipirones retirando la piel exterior, los tentáculos y cualquier resto de suciedad que pudiesen traer en su interior.

Tritura los dientes de ajo y el perejil fresco en una jarra de batidora con aceite de oliva.

Pela las manzanas y córtalas en gajos de un centímetro de grosor. Añádelos en un bol y riega con el aceite de ajo. Rellena los chipirones con ello y cierra la parte más ancha con un palillo. Resérvalos sobre papel de cocina para eliminar el exceso de humedad.

Pon una plancha o una sartén al fuego y, cuando esté caliente, dora los chipirones por ambos lados. Sírvelos recién hechos, sazona con unas gotas de lima y la sal en escamas.

CHIPIRONES

ANDRÉS.—¿Qué hay de comida, señora Mari?

MARI.—Chipirones.

ANDRÉS.—¡Qué bien!

Mi casa tenía sesenta metros cuadrados y vivíamos allí mis padres —dos—, mi hermano Luis Miguel —uno; Javi no había nacido aún—, mi tía Elvira —una—, dos huéspedes —dos, claro— y yo —uno—. Total, siete —siete—. Tocábamos a poco más de ocho metros y cada uno de su padre y de su madre.

Los huéspedes dormían juntos en una habitación y eran «la ayuda» para llegar a fin de mes. Siempre eran hombres y tíos hechos y derechos, pero mi madre, a pesar de tener casi la misma edad, los trataba como si fueran sus hijos.

Me acuerdo de Eusebio y de Andrés. Eusebio era un asturiano muy educado que vestía como Pío Baroja y Andrés era un bala perdida de Segovia con gafas de pasta, un mostacho enorme y afiliado a Comisiones Obreras en la empresa municipal de autobuses. En mi memoria tengo la imagen de ese Andrés metido en la cama, con una bolsa de hielo en la cabeza, gimoteando y pidiendo perdón a mi madre porque había vomitado todo el suelo después de una de «sus noches».

Un día llamaron a la puerta. Mi madre abrió y allí estaba una buena moza:

CHICA.—Hola, ¿vive aquí Andrés?

MARI.—Sí, hija. ¿Qué quieres?

CHICA.—Pues que me diga usted si está casado o tiene novia.

Yo estaba agarrado a la falda de mi madre y, tras la muchacha, pude ver a Andrés, en la parte baja de la escalera, con las cejas levantadas y negando, en silencio, con la cabeza para que mi madre dijera que no.

MARI.—Pues sí, hija, sí. Tiene novia y ya hay fecha para la boda.

Vi la cara de decepción de Andrés. Vi cómo la chica se dio la vuelta y, al encontrarse con él, le dio un bofetón. Vi a nuestro huésped subir la escalera y decirle a mi madre:

—Joder, señora Mari, yo pensaba que jugábamos en el mismo equipo.

Vi a mi madre soltarle otro sopapo y llamarle sinvergüenza. Y la vida siguió:

ANDRÉS.—¿Qué hay de comida?

MARI.—Sopa de fideos y unos chipirones que quedaron de ayer.

ANDRÉS.—¡Qué ricos, perfecto!

DA COLOR A LOS PLATOS

La tinta es una sustancia que utilizan ciertos moluscos marinos para protegerse y confundir a otros animales, especialmente cuando huyen de depredadores.

En gastronomía se utiliza en algunos platos para colorearlos, por eso suele haber un arroz o una pasta de por medio, ya que se tiñen muy fácil, o calamares y chipirones cocinados en su tinta.

Nutricionalmente tiene una composición muy variada: melanina —uno de los pigmentos que le da ese color—, diferentes enzimas, polisacáridos y también metales como el cadmio, el cobre y el plomo.

No hay muchos estudios sobre el consumo de grandes cantidades de tinta, pero sí sabemos que es un aditivo alimentario seguro y que tomarlo de manera eventual como se suele hacer no presenta ningún problema de salud. Las únicas reacciones adversas han sido las relacionadas con alergias al marisco, algo lógico por otra parte.

Lo que sí que es imprescindible es cocinar la tinta de los calamares o los chipirones antes de consumirla o comprarla ya pasteurizada. No es que tenga en su composición contaminantes y microorganismos como pasa a veces con las vísceras del pescado, pero de este modo nos aseguramos y evitamos problemas. Así que, por favor, nunca la uses como si se tratase de una salsa para añadir al final de los platos. Inclúyela antes de hervir para que al menos se caliente lo suficiente y eliminar así los riesgos microbiológicos.

JARRETES DE CORDERO CON REMOLACHA A LA SAL

PERSONAS

4

DIFICULTAD

MEDIA

TIEMPO

1 H 45 MIN

REPOSADO

5 MIN

INGREDIENTES

PARA LA REMOLACHA A LA SAL

1 kg de sal fina	1 clara de huevo
4 remolachas frescas	Finas hierbas

PARA LOS JARRETES

4 jarretes de cordero	Brandi
200 ml de vino tinto	Miel
1 zanahoria	Mantequilla
1 cebolla	Aceite de oliva
½ puerro	Sal y pimienta
½ manzana	

ELABORACIÓN

Para la remolacha a la sal

Lava las remolachas y disponlas en una bandeja. Cúbrelas con la mezcla de sal, finas hierbas y la clara de huevo. Hornea durante 40 minutos a 190 °C y, una vez pasado el tiempo, reserva.

Para los jarretes

Mientras, salpimienta los jarretes y dóralos en una olla con algo de aceite por ambos lados. Retira y reserva.

Sofríe en ese mismo aceite las hortalizas junto con la manzana troceada en dados medianos. Cuando empiecen a coger color, riega con un chorrito de brandi y añade el vino. Deja que reduzca.

Introduce de nuevo los jarretes, cubre con agua y cuece durante 90 minutos aproximadamente.

Cuando la carne esté tierna, separa, cuela la salsa y redúcela al máximo. Para terminar el plato pon un pedacito de mantequilla, coloca los jarretes en una bandeja de horno y salsea. Mantenlos a 200 °C unos 5 minutos.

Para terminar

Retira la capa de sal de las remolachas, pélalas y córtalas en cuartos.

Sirve el jarrete salseado y acompañado de la remolacha.

→ ━ **Truco** ━ ←

Los jarretes tienen una carne muy melosa y tierna. Otras piezas del cordero que nos sorprenderán por su sabor —y, además, por ser partes muy económicas— son la falda y el pescuezo, ideales para asar, desmenuzar y emplear bien crujientes para añadir en ensaladas o para elaborar sabrosas croquetas.

LAS PARTES DEL CORDERO

El jarrete es la parte más sufrida de los futbolistas porque es donde van todas las entradas duras. Es lo que hay desde la corva hasta el pie. Es decir, el gemelo y la espinilla. Vale, pues ahora ponlo en vaca, cerdo o cordero: jarrete, caracú, osobuco, canilla, chambarete, morcillo, codillo... Todo depende del animal, el corte y el país en que nos encontremos.

En los últimos años ha evolucionado mucho el conocimiento general de las partes del animal. En otros tiempos íbamos a la carnicería a por filetes de ternera. Luego pasamos a pedir filetes de lomo, babilla, cadera, tapa... Ya sabemos pedir hasta «el solomillo del carnicero».

La evolución ha sido más reciente en el cerdo. Antes todo era lomo, costillas y chuletas, pero de repente nos hemos encontrado con la presa, la pluma, el lagarto, el abanico y el secreto.

Y ahora le toca al cordero, del que conocíamos las piernas, la paletilla, la falda y las chuletas. Pues que sepas que de su pierna salen el jarrete, los filetes, los medallones y el turnedó. La falda se descompone en churrascos y churrasquitos, y el cuello en collares y filetes de carrillón. Además, se pueden elaborar pinchos morunos, brochetas y hamburguesas.

Siguen existiendo, eso sí, los conceptos de lechal o lechazo —entre treinta y cuarenta y cinco días de edad, alimentado solo con leche materna y un máximo de ocho kilos—, recental o ternasco en Aragón —no llega a los cuatro meses ni su peso a los trece kilos— y pascual —tiene cuatro meses, pero menos de un año y su peso está entre veintitrés y veintiséis kilos. El nombre viene porque se consumía en Pascua—. Cada uno tiene su gusto particular y sus formas de cocinado, pero pasado el año y pasado ese peso, ya no es cordero. Entonces hablamos de caballo, rinoceronte o alien. Y huele que tira.

Messi coge la pelota, dribla, sigue por el lateral, recorta, uno, dos, y... ¡falta! Entrada por detrás. Qué entrada, le ha dado en todo el jarrete. Es tarjeta. Sale el masajista del equipo para darle unas friegas de remolacha a la sal.

CORDERO-COLESTEROL

El cordero ha sido, sin duda, nutricionalmente una carne complicada. Primero porque se trata de una carne roja y sabemos que no deberíamos tomarla con regularidad. Segundo porque siempre se ha identificado como grasa, aunque esto no es del todo cierto. No deberíamos clasificar a los diferentes animales terrestres como carnes grasas o carnes magras porque esta cuestión depende del corte anatómico del que estemos hablando. Tenemos cortes como el solomillo o el lomo que son magros y otros como la panceta que son más grasos. Esto es según la cantidad de grasa que tenga esa parte del animal. Y en tercer lugar también podríamos hablar de que el cordero tiene un aroma y un sabor más intenso y con mucho más protagonismo, con lo cual a los amantes de la carne les suele gustar, y quien está acostumbrado a sabores menos intensos prefiere otras alternativas.

Cuando hablamos de malentendidos con la carne hay que tratar necesariamente del colesterol. Desde los años ochenta y noventa, cuando se le puso en el punto de mira como al gran enemigo dietético, comenzaron a circular listados de comidas con los contenidos de esta molécula en algunos alimentos. Llegamos incluso a tener recomendaciones poco relevantes que comparaban la cantidad de colesterol que podemos encontrar en diferentes tipos de carnes como, por ejemplo, en el pavo, el pollo o el conejo. Hoy sabemos que la ingesta de colesterol dietético no es tan trascendental como creíamos. Hay alimentos que lo tienen, pero que son saludables como el pescado azul. Lo importante es atender a qué tipo de producto y preparación estamos tomando.

En el caso de la carne roja es esencial ingerir la menor cantidad posible, sobre todo de aquellos derivados cárnicos como los embutidos. Si consumes cordero, hazlo de manera eventual y en preparaciones más saludables como en guisos u horneado.

BROCHETAS DE MAGRO Y PIMIENTOS AL ESTILO MORUNO

PERSONAS
4

DIFICULTAD
BAJA

TIEMPO
25 MIN
+ MACERADO

REPOSADO
NO
SERVIR DIRECTAMENTE

INGREDIENTES

700 g de carne magra de cerdo
16 pimientos de Padrón
16 tomates cherry
2 dientes de ajo
1 manojo de cilantro
Pimentón dulce

Jengibre en polvo
Cebolla en polvo
Comino
Cúrcuma
Aceite de oliva
Sal y pimienta negra

ELABORACIÓN

Limpia y corta la carne en porciones de 30-40 gramos de igual tamaño.

Maja en un mortero los ajos y el cilantro. Añade en un bol y riega con aceite. Sazona con pimienta molida, cebolla en polvo, cominos, cúrcuma, jengibre y sal. Remueve e incorpora la carne. Impregna bien y deja reposar al menos 1 hora.

Marca en la plancha los pimientos por ambos lados.

Ensarta en un palo de brocheta, alternando carne, pimiento y tomate. Pasa por una plancha caliente hasta que estén doradas por fuera y jugosas en su interior.

Sazona y sirve caliente.

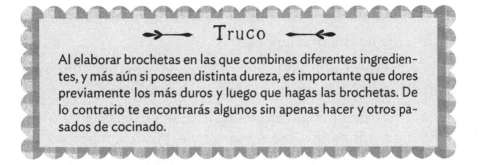

ESTRELLA DEL AMANECER (SUHAILA)

Cuando murió Amalia, la casa de enfrente fue ocupada por
una familia de inmigrantes marroquíes. Jaime y Gema eran
matrimonio y, además, estaban los seis hermanos de Jaime.
Me acuerdo de Mustafá, Malili, Mohamed y Carlos.

Aunque eran muchos, Gema se encargaba de que reinara
el orden. Pero el espacio es el espacio y, de vez en cuando,
alguno llamaba a nuestra puerta. No es que a nosotros nos
sobrara, pero en comparación, lo nuestro era un pequeño lujo.
Se tomaban un café y veíamos la televisión juntos, o nos con-
taban cosas de Larache. Mis padres no fueron al colegio y tienen poca cultura porque estuvieron trabajando desde niños,
pero van sobrados de valores y saber estar. Tienen para dar y
tomar. Sin ir más lejos, la primera Nochebuena, después de la
cena, les invitamos y se vinieron todos a comer el turrón junto al belén. Alguno quiso romper algún precepto con el anís,
pero Jaime controlaba la situación.

Pronto serían nueve, porque Gema se quedó embarazada.
Desde la ventana, la misma a través de la que yo veía la televisión, unida a la nuestra por las cuerdas de la ropa en las que
viajaba la comida de la madrina, Gema le preguntaba cosas a
mi madre —que había pasado por cuatro partos y un aborto—
y ella le iba dando consejos. Una tarde nos llamó a voces.

Mi madre telefoneó a Urgencias y le dijo a mi padre:

—Hoy no duermo en casa.

Se fue con Gema en la ambulancia, la acompañó durante todo el proceso y también entró en el paritorio. Fue niña.

Cuando cumplió un año ya no eran nuestros vecinos, pero invitaron a mis padres a su fiesta: tabule, pinchos morunos, falafel, sábila, hummus, pastela, tajín de pollo, cuscús... A ellos les ofrecieron una comida diferente por si no les gustaba la suya, y un cubierto, pero mi madre dijo:

—No, hija, estamos en vuestra casa, nos apetece probarlo todo y, además, nosotros también hemos comido mucho con las manos.

Hace unos años mi padre se rompió una cadera y, cuando estábamos en la habitación del hospital, vino una enfermera muy joven y muy morena que nadie supo reconocer. La chica se abrazó a mi madre:

—Hola, mi abuela española, ¿qué tal está el abuelito? —preguntó.

Era Suhaila.

QUE NO TE IMPORTE UN COMINO

El comino ha gozado de gran protagonismo en la gastronomía como una ayuda extra a la hora de prevenir los gases y ayudar a la digestión de algunas preparaciones, en las que había sobre todo legumbres.

¿Por qué sucede esto? Gracias a su composición química el comino tiene la capacidad de juntar los gases y disolverlos en las heces. De modo que en el intestino, en lugar de que estas dos sustancias —gases y líquidos— vayan por separado tras la digestión, consigue juntarlas. Es como si fuese el responsable de introducir el gas dentro de una esponja y que así no circulara libremente provocándonos tantas flatulencias.

Estas propiedades son las que tienen las especias llamadas carminativas.

Esta función se consigue incorporando las semillas del comino una vez molidas, o sin moler durante la cocción. Pero, claro, hay que añadirlo en una cantidad generosa y, además, en el caso del comino, que tiene un sabor muy predominante, puede provocar que no a todo el mundo le guste.

La buena noticia es que no solo el comino tiene esta propiedad carminativa, hay otras especias que se pueden utilizar también fuera de la propia receta, como, por ejemplo, al final de la comida en una infusión. Hablamos de algunas raíces, rizomas y hierbas aromáticas.

Estas mismas propiedades las encontramos en el cardamomo, el clavo, la canela, el regaliz o el jengibre, opciones ideales para las infusiones de sobremesa. Y aunque no de manera tan potente como el comino, la hierbabuena, el cilantro, el romero, el tomillo y el hinojo, también nos ayudan parcialmente.

Si hablamos de repercusiones digestivas, no podemos olvidar que un plato como el pincho moruno deberíamos acompañarlo de una buena ración de verduras para que sea una ingesta completa. Una ensalada fresca con hierbabuena, una sopa o un ceviche con cilantro, o incluso unas patatas con romero y tomillo, son un buen acompañamiento nutricional.

PREÑADITOS DE MORCILLA

PERSONAS
6

DIFICULTAD
BAJA

TIEMPO
45 MIN
+ FERMENTACIÓN

REPOSADO
SÍ
HASTA QUE ESTÉ
TEMPLADO

INGREDIENTES

250 g de harina fuerte
8 g de levadura de panadero
140 ml de agua
1 morcilla de arroz
1 puerro

1 huevo
Orégano
Pimentón dulce
Aceite de oliva
Sal

ELABORACIÓN

Haz un volcán con la harina, creando un gran hueco interior. Añade aquí orégano, la levadura, algo de sal, una pizca de pimentón y el agua. Mezcla bien los ingredientes y junta poco a poco con la harina hasta crear una masa elástica y homogénea. Amasa durante 10 minutos y deja que repose en un lugar cálido hasta que la levadura duplique el tamaño de la masa.

Aparte, sofríe el puerro picado finamente hasta que esté blando.

Corta porciones de la masa fermentada y estira en pequeños cuadrados. Dispón sobre ellos una base de puerro, una porción de morcilla y cierra perfectamente el preñadito.

Vuelve a fermentar hasta que duplique su tamaño. Pinta con huevo y hornea a 180 °C durante 14-16 minutos. Templa y sirve.

MORCILLAS DE SANGRE

—Yo he tenido once partos.

—Pero, abuela, si solo tienes cinco hijos: Luis, Ufe, Mari, Ovi y Baturro —se llama Fremiot, pero todos prefieren Baturro; él también—.

—Digo once partos en total; entre vivos, muertos y abortos.

—Ah.

Quedaban cinco vivos cuando unos señores se llevaron al abuelo. Puso a todos en fila, se despidió de ellos, de uno en uno, y le dio una carta a la abuela. Nunca volvió ni se sabe dónde está enterrado. Quedaron cinco menores de edad y todos salieron adelante, aunque Luis, el mayor, se ha muerto dos veces.

Con dieciocho años enfermó de gravedad. Se puso muy malito, empeoró y el médico dijo que no había nada que hacer. Cuestión de horas.

Acudió el cura con sus arreos para darle la extremaunción y el carpintero trajo el ataúd. Todo estaba preparado. El tío Luis moribundo y la caja al lado de la cama. No era «una de Berlanga». Las cosas eran así y se tomaban así. Estuvieron tres días esperando, velándole en vida y, a la vez, haciendo los trabajos de la casa. Hasta que vino don Gregorio, el practicante, y preguntó si le habían hecho sangrías. Como no se las habían hecho y no se perdía nada, fueron al arroyo a coger sanguijuelas. Así echaban un rato algo más entretenido que en la espera.

Cogieron dos botes, se las pusieron y le sentaron la mar de bien, fue ponérselas y mejorar. Como se suele decir, levantaron al muerto. Al incorporarse, al tío Luis le extrañó un poco lo del ataúd, pero lo primero que dijo fue que le trajeran pan y morcilla. El cuerpo le pedía sangre.

Como el ataúd estaba sin pagar y no había tenido uso, el carpintero se lo llevó de vuelta a casa. Los ataúdes no tienen fecha de caducidad y, además, no tardó mucho en «colocarlo».

Mi tío murió mucho más tarde, sesenta y tres años más tarde. Cuando casi se muere tenía dieciocho y se fue con ochenta y uno. Parecido, pero no es lo mismo. De todas maneras, en su segunda muerte los médicos le dieron un mes y aguantó siete. Pasados los seis meses, volvieron a decir que no había nada que hacer y que era cuestión de horas, pero mi madre dijo:

—Los médicos que digan lo que quieran, pero Luis se va a esperar al 30 de septiembre.

Y así fue, aguantó quince días más. Había sido como un padre para todos y mi madre sabía que se iría el mismo día que se llevaron al abuelo: el 30 de septiembre. La abuela también eligió el día.

LA MORCILLA Y SUS PROTEÍNAS

Seguramente la morcilla sea uno de esos productos que nos permite ilustrar perfectamente una de las capacidades que tiene la proteína, y es la de coagular.

Cuando una proteína tiene su estructura inalterada es capaz de estar en disolución y se comporta con normalidad. Es lo que nos pasa, por ejemplo, con las de nuestra sangre que nos aparecen en las analíticas —la hemoglobina o la albúmina—, están ahí funcionando normalmente y las tenemos disueltas en la sangre de forma líquida. Lo mismo puede pasar con las de la leche, la caseína o la proteína del suero, nos las encontramos disueltas en la propia leche en estado líquido.

Pero sucede una peculiaridad cuando calentamos lo suficiente una proteína o le cambiamos la acidez al medio en el que se encuentra: dejan de ser estables y entonces coagulan.

Es lo que ocurre cuando le añadimos ácido a la leche, que coloquialmente decimos que se corta, cuando calentamos la clara de un huevo que pasa de ser líquida a ser gelatinosa, y también lo que le sucede a la sangre del cerdo cuando se cuece y se forma una morcilla.

A diferencia de lo que pasa con las vitaminas, que el calor perjudica su absorción, ya que las destruye, en el caso de las proteínas encontramos todo lo contrario, la digestibilidad es mucho mayor y el aprovechamiento de las proteínas del alimento es más óptimo cuando las cocinamos o cuando las coagulamos.

PARA ENDULZAR EL PALADAR

CHUPITO DE MANZANA ASADA

PERSONAS
4

DIFICULTAD
BAJA

TIEMPO
70 MIN
+ REPOSADO

REPOSADO
SÍ
HASTA QUE SE ENFRÍE

INGREDIENTES

2 manzanas golden
60 g de azúcar
40 g de mantequilla
150 ml de nata líquida

150 ml de leche
3 yemas de huevo
Canela molida

ELABORACIÓN

Lava las manzanas, dales un ligero corte recorriendo su contorno (para evitar que revienten), disponlas en una fuente, retira el tallo y reparte por encima la mantequilla, canela y el azúcar. Hornea a 150 °C durante 1 hora hasta que su carne esté blanda. Riega de vez en cuando con algo de agua mezclada con un chorrito de vino blanco.

Pon luego la carne en una sartén, moja con la leche y la nata, y deja que reduzca. Retira del fuego y, en caliente, agrega las yemas y el jugo del asado. Tritura la mezcla, cuela y enfría por completo. Si una vez frío queda espeso, corrige con leche fría.

Sirve en vasos de chupito y espolvorea con canela molida.

EL PECADO DE LAS MANZANAS

Escribo estas letras con arrepentimiento verdadero y pidiendo perdón. Han pasado muchos años, pero aún siento remordimientos. Yo solo era un niño de Madrid que hacía lo que hacía para no quedar excluido del grupo. Y si mis amigos y mis primos del pueblo decían que íbamos a robar manzanas, pues a delinquir. No era cuestión de pasar todo el verano solo tachado de cobardica. Otro día tocaban peras, otro sandías, otro meterse en calzoncillos en el río vedado tirando de una red para coger peces, otro torear un carnero topón...

El objetivo del día de las manzanas no era comernos unas cuantas. Si nos hubiéramos comido dos o tres cada uno, al hombre no le habría importado, pero no. No nos gustaban las manzanas. A los niños nunca les han gustado las manzanas. El fin en sí era la acción: ir a robarlas. Cogíamos una y estaba verde, otra tenía gusano, otra estaba picada por los pájaros, Miguel le tiró una roja muy bonita a Antonio, Antonio respondió con otra, pero le dio a Carlos, y se lio. Luego cogimos más y empezamos a tirarlas al agua.

—A ver quién llega más lejos.

Otras las espachurramos contra una pared.

—Mira cómo suenan. ¡Plaf!

Juro, de verdad, que pensé en el pobre dueño y me dolió por él, pero no dije nada y lancé otra. ¡Plaf! Imaginé su cara cuando viera la pequeña cosecha destruida, pero Angelito me tiró una y se la devolví. He cargado con esto muchos años, y también con aquel sandiar y con lo de la granja de pollos... Lo siento, fui un cobarde.

El siguiente recuerdo relacionado con las manzanas es de unos años más tarde, en el internado de Rozas de Puerto Real. Allí no se podía jugar con ellas, había que comérselas. Eran el postre más odiado de la semana: manzana asada. Manzana y, encima, asada. Y casi con el mismo aspecto de aquellas que destruimos en el pueblo: arrugadas, desparramadas, espachurradas. A quién se le pudo ocurrir empeorar el peor postre del mundo.

No sé qué tienen los años, pero consiguen que te lleguen a gustar cosas que nunca te gustaron: el potaje, por ejemplo, y la manzana asada. Ahora, cuando hay manzana asada en la línea del bufet de la empresa, la elijo. Es un pequeño homenaje a la cocinera de aquel colegio en el que estuve interno cuatro años y en el que disfruté y aprendí mucho. Entre otras cosas, a comer de todo y a no dejar nada en el plato.

MANZANA ASADA, ¿SIGUE SIENDO IGUAL DE SALUDABLE ESTA FRUTA?

Durante mucho tiempo se recomendaba la fruta fuese cual fuese su manera de presentación. Era la época de los zumos, de las compotas y de las mermeladas. E incluso los refrescos sacaban pecho por el mero hecho de tener fruta dentro de su composición. Por fortuna, esas recomendaciones se han ido corrigiendo paulatinamente y ahora se tiene muy en cuenta el proceso de elaboración. Cada día más gente sabe que los zumos son azúcar libre y que, por tanto, no equivalen a tomar una pieza de fruta.

Lo que vamos a obtener en la manzana asada es un resultado final mucho más digestivo, pero en el que se han destruido parte de sus vitaminas y en el que se facilita la absorción de los azúcares. Por este motivo la manzana así preparada ha sido una opción muy típica de postre de la restauración hospitalaria.

Con el tiempo estos consejos se han actualizado y, por ejemplo, ya no se debe escoger como fruta prioritaria en casos de diabetes, pues es preferible cualquier otra fresca.

Asar manzanas puede ser una genial alternativa para incluir fruta en una guarnición o dar un toque dulce en algunas recetas sin necesidad de recurrir al azúcar añadido, pero no es una opción tan nutritiva si la queremos incluir de postre de forma regular. Nada como una fruta entera y fresca.

CAFÉ CON LECHE FRITO

PERSONAS
6

DIFICULTAD
BAJA

TIEMPO
50 MIN
+ REPOSADO PARA
QUE CUAJE

REPOSADO
NO
SERVIR DIRECTAMENTE

INGREDIENTES

500 ml de leche
50 g de azúcar
50 g de maicena
1 cucharadita de café soluble
1 rama de canela
Piel de naranja

Harina
Huevo
Azúcar
Canela molida
Aceite de oliva

ELABORACIÓN

Pon a calentar la leche junto con la piel de naranja y la rama de canela. Da un ligero hervor y retira del fuego. Agrega el café, remueve bien, cuela y reserva.

Aparte, junta en un bol el azúcar y la maicena. Incorpora poco a poco la leche aromatizada con café y bate. Hierve lentamente sin dejar de remover hasta que obtengas una mezcla muy espesa. Vuelca en un molde engrasado y deja que se enfríe y se solidifique.

Corta porciones de igual tamaño, pasa por harina y huevo, y fríe en aceite caliente hasta que estén doradas. Antes de servir, rebózalas con una mezcla de azúcar y canela molida.

ME TIENEN FRITO CON EL CAFÉ

Como somos muy tontos y nos da por medirlo todo, luego pasa lo que pasa, que nos encontramos con datos terribles: los españoles dedicamos doscientas treinta horas al año a tomar café. Pasamos casi diez días —con sus noches— con la tacita en la mano, ¿cómo te quedas?

Estas cifras afectan terriblemente a una profesión concreta: los camareros. Imagínate tener que atender tras la barra a casi cuarenta y siete millones de españoles pidiendo cafés sin parar y... «me pones un café solo, un cortado, con leche, americano, con hielo. Solo largo, solo doble —que no es lo mismo—, cortado corto de café, manchado —variación del cortado, pero al revés porque es a la leche a la que se añade un poco de café—, con una nube de leche. No, en taza, no; en vaso —pero en vaso pequeño no, en vaso de caña—, en vaso de desayuno, en taza de desayuno, en taza normal —esa no, esa es grande; en taza normal—, en plástico para llevar».

Y luego está el que ha viajado o tiene la cafetera de George Clooney: un ristretto, por favor —expreso, pero preparado con menos agua y la misma cantidad de café para intensificar su sabor—, macchiato —parecido al cortado español, aunque con un toque más leve de leche o de su espuma, y no tiene nada que ver con nuestro manchado porque recuerda que es dos partes de leche por una de café—, capuchino —café con poca leche, mucha espuma y canela o chocolate en polvo—, latte —como el café con leche, pero generalmente con más espuma, sin llegar a la espuma del capuchino—.

Españoles e italianos, primos hermanos.

Porque puedes ir a Valencia y pedir «uno del tiempo» —un café solo con mucho hielo y servido con una rodaja de limón. ¿Cómo entienden el tiempo los de Valencia?—, o ir a Andalucía y decir «un belmonte» —café con leche condensada al que se le añade licor—, o «un asiático» en Murcia —mezcla de café, leche condensada, licor y canela—, o en Canarias «un barraquito» —mezcla de café, leche condensada, leche vaporizada, limón, canela y licor—. El licor es habitual en el café; a lo bruto, se llama carajillo.

Pero hay más posibles: descafeinado —de máquina o de sobre—, bombón —café solo con leche condensada—, vienés —ya no voy a explicar más—, moca, irlandés, balalaika, brulé, leche y leche —busca este—.

¡Pobres camareros! Y ahora va este y hace café con leche frito. Sergio, por favor, a mí me lo pones con sacarina.

CAFÉ Y SALUD: TODO DEPENDERÁ DE CÓMO SE TOME

El café ha tenido etapas en las que se le ha criticado mucho y momentos como el actual en el que se pone por las nubes.

Antiguamente se vinculaba con un aumento de la tensión arterial, con poner nerviosa a la gente y con problemas gastrointestinales. Todo ello efectos un poco exagerados y algo descontextualizados. En definitiva, el café parecía que no era muy bueno.

Hay que tener en cuenta para empezar que los efectos del café sobre el organismo van a depender mucho de la tolerancia individual. Seguramente tienes personas a tu alrededor que son capaces de tomarse cuatro al día y luego dormir como troncos, y, por el contrario, otras que se toman uno al mediodía y no pegan ojo en toda la noche. Esto se debe a que la metabolizacion de la cafeína varía mucho según cada persona. Hay individuos denominados «metabolizadores rápidos» en los que la cafeína se elimina muy deprisa y «metabolizadores lentos» en los que está presente en el cuerpo durante tiempo, haciéndoles más efecto.

Salvo esta clase de excepciones, o problemas digestivos específicos, no habría inconveniente en incorporar incluso hasta tres tazas de café al día. También puede tomarlo gente con hipertensión o embarazadas en moderación, siempre y cuando no haya ninguna otra contraindicación.

Hoy hay estudios muy interesantes sobre el efecto beneficioso que tiene un buen café sobre el cuerpo —y quiero resaltar la parte de «un buen café», porque nada tiene que ver los compuestos fenólicos que encontramos en un 100% arábica con tueste natural a la aberración que supone tomarse uno torrefacto—.

Si precisamente se recomienda para retrasar la sensación de fatiga, por sus efectos antioxidantes o incluso para mejorar el rendimiento deportivo, es porque nos referimos a un buen café que se toma sin gran cantidad de azúcar.

No cometamos el error de tomarnos un café de especialidad acompañado de azúcar y una pieza de bollería y encima pensar que estamos ayudando al organismo. Ese peaje no vale la pena para obtener sus beneficios.

COULANT DE CHOCOLATE

PERSONAS
4-6

DIFICULTAD
BAJA

TIEMPO
20 MIN
+ REPOSADO

REPOSADO
NO
SERVIR DIRECTAMENTE

INGREDIENTES

100 g de chocolate puro
100 g de mantequilla
65 g de azúcar
55 g de harina

3 higos secos o frescos
2 yemas de huevo
2 huevos enteros

ELABORACIÓN

Funde al baño maría el chocolate junto con la mantequilla. Una vez tengas una salsa homogénea, añade los huevos, las yemas y el azúcar, y bate enérgicamente hasta que se unan de nuevo todos los ingredientes. Incorpora la harina y continúa mezclando.

Rellena moldes individuales hasta completar tres cuartas partes. A mitad de ser rellenados, agrega un picadillo con los higos y continúa hasta completar.

Deja que repose 20 minutos y acto seguido hornea a 200 °C durante 5 minutos. Deben quedar hechos por fuera y líquidos por dentro. Sírvelos calientes.

A COGER HIGOS CON LA FRESCA

—Mañana vamos a coger higos, con la fresca.

Nunca entendí por qué había que coger los higos tan temprano, con la maldita fresca. Mi abuelo Miguel iba el primero, vestido como todos los días, con su camisa abrochada hasta el último botón y su rebequita; igual que si estuviera en la zapatería vendiendo unos Gorila con pelota verde o unas abarcas. La diferencia era el cubo y la «subiera». Y detrás, los nietos. Con las manos en los bolsillos y cara de sueño.

Él tocaba los higos con el palo y nosotros los íbamos cogiendo y metiendo en el cubo. Si era al vuelo, mejor.

—Tened cuidado con las hojas y con la leche, que os van a salir ronchas... No me piséis mucho el terreno, que está recién arado... No levantéis piedras, que hay alacranes... Súbete ahí y coge esos dos, pero con cuidado...

Luego, camino de vuelta.

La fresca ya se había ido y empezaba a llegar el que caía a plomo —esa era la razón del madrugón— y era la hora de tomar algo.

—Ponme un botellín y unos cortos para mis nietos. Ras —esto es la onomatopeya que simula beber una cerveza de un trago—. Venga, vamos.

No nos daba tiempo ni a coger el vaso. Como mi abuelo era comerciante, tenía la obligación de cumplir con sus clientes. Había que entrar en todos los bares, que no eran pocos, e ir rapidito para llegar a tiempo a comer el cocido de todos los días. El final no te lo cuento.

—Mañana vamos a coger higos, con la fresca.

Esto lo decía años más tarde mi padre, en plan abuelo. Pero ahí se encontró con una de Madrid que se casó conmigo y que no solo no entendía lo del madrugón, sino que interponía argumentos.

—Pero vamos a ver, ¿se va a llevar alguien la higuera? Qué más da a las siete que a las once. Si quieres, vamos en el coche en vez de ir andando y ya está.

—Pues no está, no vamos.

➤— Turrón de pobre —◄

Los higos que se cogían en verano se dejaban secar en la troje y, en Navidad, cuando estaban «pasiques», se les metía una bellota dulce dentro —en las tierras donde no hay bellota se mete almendra o nuez; o quizás es al revés, se mete bellota donde no hay nuez o almendra—. Cuando sacaban el turrón, los niños siempre decíamos:

—Yo quiero que me hagas uno de los pobres.

En aquellos tiempos había turrón del duro y turrón del blando. La primera gran novedad fue el de coco, luego llegaron los chocolates. Hoy en día el turrón no es turrón. Habría que volver al higo y la bellota.

AÑADIENDO HIGOS SECOS

Desecar la fruta es desde tiempo inmemorial una manera sencilla de conservarla. Aunque hoy en día en nuestro entorno no se hace fruta desecada por ese motivo, sino porque sus cualidades organolépticas y sus usos gastronómicos la hacen deseable, nos preguntamos a menudo si es saludable, si no tiene demasiado azúcar o si ha perdido todas sus vitaminas.

Es cierto que si comparamos cien gramos de fruta fresca —por ejemplo, uvas— con cien gramos de la misma fruta desecada —pasas—, la segunda tiene más azúcar. También más minerales, más calorías, etc. Esto es porque al desecar lo que hacemos es quitar agua, entonces esa fruta se concentra y pierde peso, pero no nutrientes, a excepción de una parte de la vitamina C y alguna otra de las hidrosolubles por efecto de la deshidratación, pero no es una pérdida reseñable, por eso saben más dulces.

Lo mismo ocurre con los higos cuando los secamos. Eso no quiere decir que «aparezca» más azúcar en la fruta al desecarla. Eso sí, al comprarla debemos fijarnos en que no le hayan añadido más. No es raro que a veces se les dé un baño de agua con glucosa para que estén más brillantes. Por supuesto, tampoco estamos considerando aquí la fruta escarchada ni la confitada, que esas sí que tienen en su preparación adición directa de azúcar. Por tanto, a la hora de calcular una ración razonable de fruta desecada lo más fácil es compararla con la fresca y tomar la misma cantidad. Si nos comemos tres albaricoques, nos podemos comer seis orejones —cada uno es una mitad de albaricoque—. O si nos comemos un racimo de veinticinco uvas, podemos sustituirlas por el mismo número de pasas. En el caso de los higos, tres-cinco unidades sería una cantidad lógica y normal —se calcula que la desecada pesa alrededor de un 25% de lo que pesa fresca, pero ese porcentaje es muy variable—.

Las frutas desecadas son una opción saludable y pueden sustituir a dulces y chucherías en muchos contextos, aunque sin perder de vista que la mejor opción es siempre la fresca, pues entre otras cosas resulta más saciante y conserva intactos todos los nutrientes. En los higos secos hay que destacar, sin duda, su aporte de hierro, que es especialmente alto entre los alimentos de origen vegetal.

BUÑUELOS DE CALABAZA

PERSONAS
8

DIFICULTAD
MEDIA

TIEMPO
50 MIN
+ FERMENTACIÓN

REPOSADO
NO
SERVIR DIRECTAMENTE

INGREDIENTES

150 g de calabaza
100 g de harina
10 g de levadura de panadero
1 cucharadita de miel

Azúcar
Canela
Aceite de oliva

ELABORACIÓN

Pela y trocea la calabaza, y hiérvela en agua hasta que esté tierna. Luego, escúrrela y vuélcala en un bol.

Aplástala con un tenedor y añade poco a poco 50 gramos de azúcar, la miel, la levadura disuelta en agua fría y la harina. Mezcla todo muy bien. Debe quedar una crema con la densidad de una salsa besamel (si resulta espesa, corrige con algo de agua). Tapa con film y deja fermentar en un lugar cálido de casa hasta que duplique su tamaño.

Prepara un cacito con aceite y ponlo al fuego. Con la ayuda de dos cucharas de postre, vete formando pequeñas porciones, redondea y fríe cuando el aceite esté caliente. Los buñuelos tienen que quedar hinchados y dorados. Reserva sobre papel de cocina.

Reboza con una mezcla de azúcar y canela, y sírvelo antes posible.

→ ·— Truco ·—· ←

A la hora de realizar recetas donde interviene levadura fresca, has de tener mucho cuidado con no aportar ingredientes demasiado calientes, ya que las citadas levaduras morirían y no fermentaría la elaboración. Es preferible añadir todo en frío y esperar un poco más de tiempo hasta conseguir la fermentación deseada.

CON QUÉ POCO...

Harina, agua y grasa. Con eso y un poco de viento se hacen los buñuelos y otras masas simples de pastelería. Los churros, por ejemplo. Luego, si añadimos dos ingredientes más, huevos y azúcar, tenemos el catálogo del dulce al completo. Y ya, para lujos, ponemos fruta, chocolate, licor, almendra...

En épocas de escasez, en tiempos del hambre, con poco se hacía mucho. El ingenio daba forma —nunca mejor dicho— a lo que teníamos para amasar. Había que llenar las panzas engañando al ojo y de los obradores salieron milagros —no sé si lo de «obrar milagros» viene de ahí, pero vendría al caso—. Hoy, cuando hablamos de grasa, hablamos de aceites. En otros tiempos, la grasa era la manteca. El recetario de lo dulce viene marcado en manteca. Yo aún recuerdo la mantequería de Caravaca con Mesón de Paredes, mis dos calles, y aquellas bolas puestas en orden en diferentes tamaños y diferentes repisas.

Y ahora lo entiendo, porque hasta en lo pobre había clases. Nunca mejor dicho, ya que se podía hacer hojaldre de distintas categorías y precios usando, precisamente, una u otra manteca: hojaldre de manteca de vaca de primera, hojaldre mixto de manteca de vaca y de cerdo, hojaldre de manteca de cerdo y hasta un hojaldre de manteca de cerdo ordinario. Son las recetas de hojaldre recogidas en el *Tratado práctico y moderno de confitería, pastelería y fabricación de chocolates y bombones* de don Daniel Gasca y Monterde, un libro de 1923 que tiene Sergio y que era el que utilizaban sus abuelos pasteleros. También divide los petisúes en fino, primera, corriente y ordinario. Y los guirlaches. Y los mazapanes.

Hoy no se utilizan esas recetas y no hace falta que nos la escriban en la caja, porque nuestro morrillo nos dice qué mazapán es de las monjas y cuál es el de los monjos. Y también nos lo dice el bolsillo.

En cualquier caso, el dulce, la pastelería, la repostería, no era cosa de diario. De hecho, eran una parte importante de la fiesta: en Navidad, en el día de la Virgen, en Semana Santa, en las bodas... Cada celebración era una excusa para lo extraordinario, para mezclar la harina, el agua, la grasa, los huevos y el azúcar. Mucho azúcar.

Cuidado, que como entonces solo se hacían fiestas de vez en cuando, las recetas del dulce vienen cargadas de azúcar. Quítale el 50% porque a ellos les venían bien las calorías, pero nosotros ni aramos, ni trillamos, ni segamos, ni cortamos ni pinchamos. Nosotros llevamos puesto el ingrediente del sedentarismo y mezcla muy mal con el resto.

FRIENDO MASAS

La acrilamida es un compuesto tóxico que se genera al calentar alimentos a altas temperaturas, como es el caso de frituras, horneados, barbacoas o tostados excesivos. Esta alerta afecta en concreto a aquellos productos ricos en hidratos de carbono en su composición. De ahí que entre los alimentos que suponen una mayor ingesta de acrilamida encontremos ejemplos como el pan, la patata, el café o los cereales de desayuno. Los churros, al ser un producto tan nuestro, no suelen aparecer entre los estudios internacionales, pero hay que tener en cuenta que, igualmente, al ser una masa y al someterlos a un proceso de fritura más o menos prolongado, van a tener un desarrollo de estos compuestos considerable. Si eres consumidor habitual de estos alimentos, intenta tomarlos sin llegar a las tonalidades marrones y que se queden siempre amarillentas. Además, por descontado, evita todas las partes negras o carbonizadas que se hayan producido. Esas son las más peligrosas y perjudiciales.

Esta sustancia potencialmente cancerígena se ha vinculado con la aparición de distintos tipos de cáncer, aunque, eso sí, de manera muy controvertida. No deberíamos fijarnos solo en la relación directa del cáncer para llamar a la precaución con el consumo de bollería. Al margen de la presencia y del impacto que tenga en sí misma la acrilamida, el resultado final es poco interesante nutricionalmente hablando. Tenemos una preparación bastante pesada y energética, el aceite se ha sometido a altas temperaturas y ha perdido sus efectos protectores y beneficiosos, y durante este calentamiento han aparecido otras sustancias perjudiciales que no se resumen solo en la acrilamida. Lo que no podemos hacer es optar por posturas dispares. Ni se pueden consumir churros todas las semanas ni no tomarlos nunca. Debería ser algo eventual y esporádico.

Por supuesto, aunque es importante informar de la relación con la acrilamida en alimentos, no obviemos que cuando hablamos de alimentación y cáncer los principales factores de riesgo son el alcohol, la obesidad, la carne roja procesada y la ausencia de verduras y hortalizas en la dieta.

ROCAS DE FRUTOS SECOS

PERSONAS	DIFICULTAD	TIEMPO	REPOSADO
6-8	BAJA	30 MIN	SÍ
		+ REPOSADO Y ENFRIADO	HASTA QUE ESTÉ SOLIDIFICADO

INGREDIENTES

240 g de chocolate puro
45 g de mantequilla
40 g de almendras granillo
40 g de avellanas

30 g de piñones
Ralladura de lima
Sal en escamas

ELABORACIÓN

Trocea las avellanas y tuesta ligeramente por separado los frutos secos sin que lleguen a quemarse.

Funde el chocolate al baño maría y añade poco a poco la mantequilla hasta conseguir una mezcla homogénea. Retira del fuego.

Prepara tres boles: uno con los piñones, otro con las avellanas y ralladura de lima y el tercero con las almendras. Agrega en cada uno un tercio del chocolate, mezcla bien y, cuando empiece a solidificarse, haz pequeñas montañitas sobre papel sulfurizado. Agrega una pizca de escamas de sal sobre alguna y enfría.

Sirve como aperitivo dulce o como acompañamiento del café o té.

LOS BOMBONES DEL ABRIGO

En mis tiempos el chocolate no era una cosa de todos los días, y los bombones... Los bombones eran algo muy especial. Por eso pasó lo que pasó.

—Hay que ver, dónde habré puesto yo los botones.

Mi madre era modistilla, cosía «para la calle» y era muy apreciada entre las vecinas porque el *prêt-à-porter* no estaba hecho para ellas —o, mejor dicho, ellas rebasaban con mucho la talla más grande del *prêt-à-porter*—. Y aquel día mi madre estaba haciendo un abrigo para la señora María, la Pequeña —pequeña de altura, no de ancha—.

Como ya sabes, la moda va y viene y quiso «mi» suerte que en aquel momento la moda del último número de la revista *Patrones* dijera que los abrigos llevaban solo tres botones. Aquellos botones eran gordos, tenían dos líneas finas onduladas que formaban una cruz y eran marrones. Marrón chocolate.

—Hay que ver, dónde los habré puesto yo.

No sé lo que diría mi cara, porque hablar no hablé, pero fue mirarme y correr a buscar el orinal.

—No te muevas. Ahí sentado hasta que hagas caca.

Yo no entendía nada, porque mi madre me había enseñado ya a sentarme en la taza y había escondido el orinal para siempre y, de repente, aquello era volver a empezar. Pues vale.

No recuerdo el tiempo que estuve allí sentado. No recuerdo si tuve que apretar mucho o no. No recuerdo si los botones dolieron al salir. Lo que sí recuerdo es su voz:

—Uno... dos... y tres... Ya está, mi niño.

Y recuerdo también que se fue a fregar los botones a la pila mientras yo miraba la operación con los ojos justo a la altura del borde. Según los fregaba y los secaba, los iba dejando allí, al alcance de mi mano —provocando— y, cuando terminó:

—Pero qué cabeza, dónde habré puesto los botones otra vez.

Me miró con las manos en las caderas, me dio un buen azote y se fue, otra vez, a buscar el orinal.

¿CÓMO IDENTIFICAR UN BUEN CHOCOLATE?

El chocolate es un producto que se hace, básicamente, a partir de dos materias primas: cacao y azúcar. Es muy común escuchar recomendaciones como «Compra chocolate negro», «Chocolate puro», pero esto no garantiza un chocolate ni saludable ni de calidad.

Hay muchas clases de chocolate. Unos veinte años atrás solo se permitía usar manteca de cacao, pero hoy nos encontramos chocolates y bombones que tienen otros aceites vegetales en su formulación, como el de palma —mira en la etiqueta de un bombón de los famosos y te sorprenderás—.

¿Es mejor el chocolate negro? Desgraciadamente la mención «chocolate negro» dice muy poco. Solo es una nomenclatura comercial que indica que no es ni blanco ni con leche, pero puede serlo en proporciones muy variables. Hay chocolates negros que tienen menos del 50% de cacao y otros que tienen el 99%. Esto es uno de los mayores coladeros, porque asumimos que chocolate negro es sinónimo de chocolate con mucho cacao. Y no es así.

Entonces, ¿mejor el chocolate «puro»? Tampoco, la terminación puro hace énfasis en que no es chocolate con variantes; es decir, que no lleva frutos secos u otros productos lácteos. Eso no significa que sea sano ni buen producto. Hay chocolates «puros» que tienen hasta un 47% de azúcar.

¿En qué nos fijamos, por tanto? ¿En la etiqueta? Lo más interesante en un chocolate y también lo más justo por el producto que estamos comprando es que la mayoría de su composición sea cacao. Por eso, lo que hay que buscar es el porcentaje de cacao con el que está hecho. Por lo general, si no dice nada sobre ello, da por hecho que va a tener entre el 50 y el 60% —te garantizo que si tuviese más, lo pondría—, así que nos distraerá con otras nomenclaturas o reclamos.

Los chocolates que tienen un alto contenido en cacao lo suelen decir orgullosos, mostrándolo claramente en el etiquetado: ya por encima del 70% nos encontramos esta mención en el envoltorio de una forma bastante destacada. Son chocolates aceptables, nutricionalmente hablando. Del 70 al 75% en adelante hablamos de un buen producto, solo tenemos que elegir la cantidad de azúcar que queremos que lleve. Un cálculo mental rápido: el porcentaje restante para llegar hasta 100% suele ser la cantidad de azúcar. De modo que un chocolate del 70% en cacao tiene un 30% de azúcar, y uno del 80% tiene un 20% de azúcar.

MOUSSE DE QUESO Y CAQUI

PERSONAS
4

DIFICULTAD
MEDIA

TIEMPO
1 H
+ REPOSADO Y ENFRIADO

REPOSADO
SÍ
HASTA QUE ESTÉ FRÍO

INGREDIENTES

100 g de uvas tintas sin pepitas

100 g de azúcar

70 g de queso crema

40 g de queso curado

2 g de gelatina neutra en polvo

400 ml de nata para montar

100 ml de leche

70 ml de zumo de frutas

2 caquis

ELABORACIÓN

Hierve la leche con la mitad del azúcar hasta que reduzca a la mitad. Retira del fuego y añade el queso curado rallado. Incorpora también el cremoso y remueve hasta que obtengas una mezcla homogénea.

Aparte, pela y corta la carne más tierna de los caquis, mezcla con el resto del azúcar, ½ vaso de agua y cuece lentamente hasta que estén tiernos. Tritúralos y déjalos enfriar.

Monta la nata hasta que esté compacta. Divide en dos boles, y añade en uno la crema de caquis fría y en el otro la crema de queso también fría.

Reparte en vasitos individuales una capa de mousse de caqui y encima la de queso, y decora con las uvas cortadas por la mitad.

Da un hervor al zumo de frutas, retira del fuego, añade la gelatina disuelta en agua fría y mezcla bien. Si fuera preciso, templa ligeramente. Cuando empiece a gelificar, pinta con ella las uvas. Deja que repose y sirve.

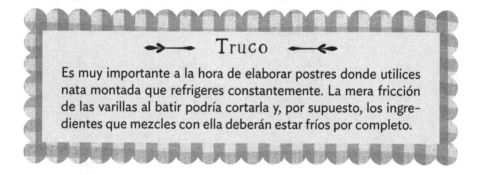

Truco

Es muy importante a la hora de elaborar postres donde utilices nata montada que refrigeres constantemente. La mera fricción de las varillas al batir podría cortarla y, por supuesto, los ingredientes que mezcles con ella deberán estar fríos por completo.

LAS UVAS DE LA SUERTE

El año 2020 rompió muchas cosas, pero no pudo acabar con la tradición de comer doce uvas para despedirlo y recibir con ganas al 2021. Eso sí, nos privó de la costumbre de hacerlo en nuestras plazas, a los pies del reloj, y de ver por televisión la Puerta del Sol abarrotada de gente.

La tradición de comer uvas en Nochevieja es española y no es de las más antiguas. Algunos dicen que nació por un excedente de uva alicantina en 1909. Según cuentan, los productores ingeniaron una campaña que jugaba con la idea de que tomar una uva con cada campanada traía suerte. El resultado fue un buen negocio porque vendieron todo el sobrante. Y ya siempre, a partir de entonces.

Pero la historia viene de antes. En los años ochenta del siglo XIX, es decir, en 1880 —que es más fácil—, la burguesía madrileña copió a la francesa, que celebraba sus fiestas privadas de Nochevieja bebiendo champán y tomando uvas. Por otro lado, el pueblo celebraba su fiesta callejera la noche de Reyes, generando grandes alborotos.

En 1882, para evitar esos desfases populares, el alcalde de la capital, José Abascal y Carredano, dictó un bando que anunciaba una tasa de cinco pesetas para quien quisiera hacer fiesta en las calles de Madrid. Siempre se ha dicho que los de Madrid son muy chulos; vale, pues los chulapos aprovecharon que aún estaba permitido reunirse bajo el reloj de Gobernación de la Puerta del Sol para escuchar las campanadas en Nochevieja y dictaron su bando popular particular: «Llevamos uvas y hacemos como hacen los señoritos; que sean doce y a cada campanada, una uva». Es decir, fue una reivindicación social.

Desde ese momento se cree que todo aquel que coma una uva por cada campanada, coincidiendo también una por cada mes, tendrá un año próspero. También dice la tradición que, a eso de la tercera, el pequeño de la familia empieza a hacer gestos y a reírse, contagiando al resto y haciendo casi imposible lograr el reto. Algunos incluso se atragantan y empiezan mal el año.

Resumiendo, todo empezó por una reivindicación popular en 1882, se consolidó por un buen trabajo de *marketing* en 1909 y se perpetúa gracias a Televisión Española desde 1962 —luego se apuntaron las privadas—.

CAQUI - PERSIMÓN. HACE AÑOS NO TENÍAMOS TANTO LÍO

Para empezar hay que dejar algo claro: todos los persimones son caquis pero no todos los caquis son persimones. Es decir, cuando hablamos de un persimón estamos hablando de un caqui que reúne unas particularidades concretas. De hecho, una cosa que la gente no suele saber es que Persimon es una marca registrada. Es la marca con el que la DOP Kaki Ribera del Xúquer distribuye este caqui. ¿Qué tiene de especial? Que es de la variedad rojo brillante, que se caracteriza porque en su madurez es un fruto bastante consistente y turgente.

Una de las diferencias principales que podemos percibir sin ser profesionales entre un caqui y un persimón es esa dureza o turgencia. Los caquis de toda la vida se podían comer incluso con cuchara, mientras que pelar un persimón se asemeja mucho a pelar una manzana.

Hablando de pelar. Sí, se puede comer con piel a pesar de que no se trata de las más delicadas de una fruta. Es una piel comestible, no estamos hablando de melón, sandía o piña. Aquí yo te recomendaría que lo hicieras atendiendo a la receta en cuestión. Si, por ejemplo, vas a hacer unas natillas de caqui, un arroz con leche o piensas triturarlo, pélalo sin duda. Si por el contrario lo tomas de postre o entre horas, y no eres persona muy paciente a la que le guste pelar la fruta, se puede tomar directamente con piel.

Al igual que sucede con otros frutos de esta tonalidad, su color anaranjado ya nos da bastantes pistas. Tiene un contenido bastante elevado de betacarotenos —vitamina A—, algo que como sabes comparte con otros frutos naranja del otoño: boniato, calabaza, naranjas, mangos...

El caqui maduro también se utiliza en nutrición para la dietoterapia, ya que permite hacer recetas sin añadir azúcar y espesar algunos postres sin recurrir a productos con huevo o sin gluten, de modo que son adecuadas para mucha más gente. Un ejemplo que cumple estas características son las natillas de caqui y canela, que son tanto veganas como aptas para personas alérgicas al huevo.

ARROZ CON LECHE EN TEXTURA

PERSONAS
4

DIFICULTAD
MEDIA

TIEMPO
70 MIN

REPOSADO
SÍ

+ REPOSADO Y ENFRIADO

INGREDIENTES

85 g de azúcar
55 g de arroz
4 g de gelatina neutra en polvo
750 ml de leche

150 ml de nata para montar
4 barquillos de chocolate finos
Canela en rama
Piel de naranja

ELABORACIÓN

Pon a cocer la leche a fuego lento junto con un trocito de canela y parte de la piel de naranja. Echa el arroz y continúa con la cocción hasta que esté tierno. Añade 60 gramos de azúcar y deja que la mezcla reduzca hasta que esté cremosa.

Aparte, monta la nata con los 25 gramos de azúcar restante (debe quedar consistente) y reserva en la nevera.

Retira la canela y la piel de naranja del arroz, tritura la mezcla y cuela. Agrega la gelatina en polvo y da un ligero hervor de unos segundos. Enfría.

Una vez fría, remueve con suavidad con la nata montada. Rellena moldes individuales y reserva en la nevera de nuevo hasta que se solidifique. Desmolda y sirve acompañado con barquillos de chocolate.

ARROZ CON LECHE SOLO HAY UNO

Yo tenía dos padres, el biológico y el señor Valiente, que era el vecino de la buhardilla. Su mujer, la señora María, no era mi madre —madre solo hay una—, pero hacía las veces a la hora de la merienda. En aquella vivienda de unos veinticinco metros cuadrados vivían el matrimonio y sus cinco hijos: Ángel, Luis, Vicente, Maruja y Susi. ¿Cómo dormían? Pues no lo sé. ¿Y el baño? En el pasillo, compartido con otras dos buhardillas.

Pero, además, yo tenía una supuesta tercera madre. Lola, la abuela de mi amigo Juanjo, la portera de Caravaca 13 —el 15 era nuestra zapatería—. Allí también se podía merendar, comer, desayunar y dormir. Uno llegaba y se acoplaba. Era una vivienda-portería situada en un bajo, oscura, descuidada, con un baño antiquísimo; pero era confortable. El suelo era de sintasol —con baches— y la cocina... La cocina era de carbón, se utilizaba para guisar y también para dar calor. Recuerdo cómo la señora Lola cogía un gancho y quitaba los aros de hierro para echar el carbón y atizar el fuego. Me gustaba ver salir las llamas por aquel agujero.

También eran parte del paisaje Teresa y Demetrio. Creo recordar que Teresa era hermana de Lola, tenía cara de gato bueno y era muy pequeñita. Demetrio siempre llevaba boina y era serio pero simpático. Sería socarrón. Siendo muy mayor tuvieron que cortarle la pierna y, de vez en cuando, nos llamaba y nos decía:

—Me pica, me podéis rascar ahí.

Y se señalaba el pie que no tenía. Sí, era socarrón. Él nos contó a Juanjo —Juan José Lastra Martingrande— y a mí que era verdad que la pierna le picaba y le dolía, que aquello se llamaba dolor fantasma.

A lo que vamos, a mí no me gusta el arroz con leche. O, mejor dicho, no me gusta mucho, porque nunca he vuelto a probar uno que se le acerque ni siquiera un poco al que hacía la señora Lola en aquella cocina de carbón. Lola, como casi todas las porteras y casi todos los serenos del viejo Madrid, vino de Asturias.

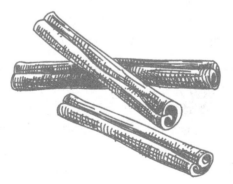

ARROZ CON LECHE TRITURADO

Cuando pensamos en arroz cocido, seguro que se nos viene a la cabeza una gran receta para cuando estamos mal del estómago.

El arroz es uno de los cereales que mejor se digiere, especialmente si se toma hervido —en la versión convencional, la no integral—. Esto es así porque al cocerlo su almidón se hace cada vez más asimilable y porque está exento de gluten y, por tanto, es menos conflictivo para las digestiones.

El almidón que se suelta del grano en el arroz con leche es el encargado de espesar la preparación y hacerla gelatinosa —muy parecido a cuando nos tomamos un risotto o cuando elaboramos el típico con un poco de ajo y laurel para una dieta blanda—.

Además de mejorar las digestiones, al cocerlo y triturarlo espesa platos para atender problemas de deglución —también con la harina de arroz—. Se forma una especie de papilla en la que vamos a evitar el riesgo de atragantamiento. Es una forma diferente de hacer recetas nutritivas sin tener que recurrir siempre a la patata, y también de disponer de una opción para espesar algunos postres sin añadir tanta cantidad de azúcar.

TORRIJA CARAMELIZADA

PERSONAS
8

DIFICULTAD
BAJA

TIEMPO
50 MIN
+ HIDRATACIÓN

REPOSADO
SÍ
HASTA QUE ESTÉN CRUJIENTES

INGREDIENTES

1 pan tipo brioche
450 ml de leche
400 ml de nata
5 yemas de huevo

1 rama de canela
Piel de naranja
Azúcar
Helado de coco, de vainilla o frutos rojos
(opcional)

ELABORACIÓN

Retira con un cuchillo de sierra la corteza del pan. Corta rebanadas gruesas de un centímetro y medio, y disponlas sobre una bandeja de horno o similar.

Aparte, cuece la leche junto con la nata, 180 gramos de azúcar, la piel de naranja y la canela. Una vez haya hervido unos minutos, retira del fuego y cuela. Agrega en caliente las yemas batidas y mezcla bien.

Baña el pan hasta que las rebanadas queden totalmente empapadas por ambos lados. Las puedes dejar incluso la víspera tapadas con film.

Espolvorea azúcar sobre cada rebanada y carameliza con un soplete o un quemador de metal. Sirve crujiente junto con una bolita de helado o unos frutos rojos.

TORRIJAS PARA LA SEMANA MÁS SANTA

Las torrijas me gustan lo justo, solo un poquito, porque son el dulce de la Semana Santa, y no recuerdo estas fechas con mucho entusiasmo. Eran las peores vacaciones del año. En Navidad se comía, se cantaba, venían los Reyes... En verano se jugaba, íbamos al río, montábamos en bici..., pero en Semana Santa... Y, encima, el origen de la torrija no tiene nada que ver con la religión.

Los romanos ya hablaban de este dulce o de algo muy parecido en sus recetarios. Al fin y al cabo es un postre sencillo y fácil: pan mojado en leche y miel o azúcar. Más tarde, en el siglo XVI, se le dio una utilidad porque se pensaba que la leche, el pan, los huevos, el dulce y un buen caldito eran alimentos que proporcionaban energía a enfermos y convalecientes. Y es verdad, revitalizaban.

Como dicen que de lo que se come se cría, la leche era lo más indicado para las recién paridas y, por eso, antes y después del alumbramiento, la mujer era alimentada con pan, leche, huevos y miel; es decir, con torrijas.

Llegamos al siglo XVIII y el diccionario nuevo de las lenguas española y francesa de 1705 dice que son «rebanadas de pan fritas y untadas en miel que dan a las mujeres paridas en España». Bastantes años antes, Lope de Vega, el fénix de los ingenios, escribe en *La niñez de San Isidro:* «Si haciendo torrijas andan, serán para la parida». Y hoy en día se siguen llamando sopes de partera, en Menorca y torradas de parida, en Galicia.

Lo que pasó luego es que, poco a poco, la leche, el pan, la miel y la canela dejaron de ser un lujo al alcance de unos pocos y la incipiente burguesía cambió las costumbres. Dejó de regalar las ya populares torrijas en partos y bautizos y las cambió por los modernos bombones. Y a estas alturas dirás lo que yo: ¿y qué pinta la Semana Santa en todo esto? Pues pasaba por allí de casualidad.

Como hemos dicho, las torrijas están al alcance de cualquiera por sus ingredientes sencillos y populares y, además, no son pecado, no hay que confesarse por comerlas, porque son compatibles con las leyes de la abstinencia. La torrija es «la fiesta» en unos días de recogimiento. Pasa lo mismo con otros dulces de esa época: la mona de Pascua, los buñuelos, los pestiños, las rosquillas, las orejas, las flores... Por eso los pueblos olían a dulce de tahona en Semana Santa.

Esa era la parte buena. La mala es que se cerraban las discotecas y los bares, se apagaban las farolas y había procesiones en las que debías estar muy callado. Unas vacaciones aburridas que estaban asociadas a la torrija. Y lo peor: podían ser de vino.

➤— Un recuerdo semanasantero —◄

Una de las pocas cosas divertidas para los niños era la tradición del Judas. Cada año, una familia del pueblo se encargaba de su fabricación y a nosotros también nos tocó. Como mi madre era modista, usamos un torso de maniquí que vestimos con un jersey de cuello alto, unos pantalones rellenos de paja, un bigote y una gorra de ciclista del equipo BIC. Tengo foto con mis primos. La costumbre era colocarlo en la pared de una plaza, ahorcarlo y quemarlo. Así. Allí se reunía todo el pueblo, pero

cuando el Judas empezaba a arder, los viejos desaparecían porque ya se sabían la historia: los chicos comenzaban a tirar piedras al monigote y mientras unos se ponían de frente, tirando hacia la pared, otros se situaban a los lados. Y, claro, entre los que fallaban sin querer y los que fallaban queriendo, el día acababa con un judas ajusticiado y con cuatro o cinco descalabros de justicia.

PAN PARA TORRIJAS. ¿ENGORDA MÁS LA CORTEZA QUE LA MIGA?

Hubo un tiempo en que la corteza del pan estaba criminalizada precisamente por el miedo que se tenía a esa creencia, que engordaba.

La corteza es un producto deshidratado, y, por tanto, tiene más concentración de todos los nutrientes, entre ellos también los que nos aportan energía. De modo que podemos concluir que sí tiene más calorías que la miga, pero eso no quiere decir que engorde, solo que es más energética.

Tanto la miga como la corteza están hechas a partir de la misma masa. Lo que pasa es que la segunda, al estar en contacto con el aire caliente, se deshidrata protegiendo el interior.

Dietéticamente no tiene mucho sentido quitar la corteza para comerse la miga, dado que son lo mismo. Sería como decir que no tomamos los granos de arroz deshidratados o tostaditos porque engordan más. Ese no es el mensaje, se trata de una anécdota de composición química, pero que no tiene una repercusión importante en la salud.

ROSCÓN DE REYES

PERSONAS
6

DIFICULTAD
MEDIA

TIEMPO
90 MIN
+ FERMENTADO

REPOSADO
SÍ

INGREDIENTES

400 g de harina fuerte
50 g de mantequilla
14 g de levadura de panadero
100 ml de leche
100 ml de agua
20 ml de ron

1 cucharada de agua de azahar
2 huevos
Fruta escarchada
Azúcar
Sal

ELABORACIÓN

Haz un volcán con la harina. Añade en el interior una pizca de sal, la levadura, la mantequilla semiderretida, uno de los huevos, el ron, la leche, el agua y 100 gramos de azúcar. Mezcla todos los ingredientes hasta que obtengas una masa homogénea.

Junta poco a poco con la harina y amasa hasta conseguir un conjunto elástico, y deja que fermente en un lugar cálido hasta que duplique su tamaño.

Vuelve a amasar y forma el roscón. Pinta con el otro huevo batido y reparte por encima las frutas escarchadas y montoncitos de azúcar. Vuelve a fermentar hasta que duplique su tamaño y hornea a 180 °C durante 15-18 minutos. Deja enfriar y sirve.

BALTASARA

Los Reyes Magos nunca me lo trajeron. Yo lo pedía todos los años, pero siempre me dejaban una pistola, una espada, un camión… El Fuerte Comansi no llegó nunca.

Recuerdo que un año fui a los famosos grandes almacenes y se lo dije al negro. Sentado en sus rodillas le expliqué que justo un poco más arriba de mi portal estaba la tienda de frutos secos de Quirós y que tenía un fuerte en el escaparate. Que más fácil no se lo podía poner. Él me dijo que haría todo lo posible, pero que éramos tantos niños… Hizo un gesto llamando a su paje negro, que me cogió en brazos y me sacó de allí.

—¡Quirós! En Mesón de Paredes —grité yo.

Nada; ni por esas. Otro camión y una cartuchera para la pistola. O sea, que llegaron los Reyes a mi casa, abrieron las puertas del balcón que no se podían abrir desde fuera —magia—, dejaron los regalos —equivocados—, se cascaron el anís y los polvorones —no la lechuga—, se fueron cerrando las puertas del balcón que no se podían cerrar desde el exterior —otra vez magia— y no fueron capaces de coger el fuerte del escaparate de Quirós. Porque bajé y allí estaba: con sus troncos, su *saloon*, su establo. ¡Venga, hombre!

Ya he dicho que mi madre cosía y hacía ropa en casa para la gente del barrio. Todas las vecinas gordas la querían mucho.

—Ay, Mari, qué manos tienes, hija. Si no fuera por ti.

Un día apareció una clienta nueva. Negra. Pero negra negra. Más negra que Machín y Pepe Legrá juntos. Yo estaba cagado de miedo, pero mi madre le tomaba las medidas y hablaba con ella como si hubiera vivido con negros toda su vida. Cuando volvió a casa otro día, vinieron a verla todos mis amigos:

—Ala, qué negra es.

Luego me acostumbré.

Una tarde nos dijo que se iba a Estados Unidos unos meses, pero que volvería y, al despedirse, cogió mi cara con su mano negra por un lado y blanca por el otro y me dijo:

—¿Qué quieres que te traiga de América?

No lo dudé ni un segundo:

—Un Fuerte Comansi.

Y volvió con un Fuerte Comansi igualito igualito que el que había en la tienda de Quirós, pero de los de verdad, americano. Le di un abrazo y un beso enorme, ¡y no me manchó!

Aquellas Navidades volví a sentarme en las rodillas del negro. Le noté algo cambiado.

—Este año ya no te voy a pedir el fuerte —dije.

—¿Y eso por qué? —preguntó interesado.

—Porque ya me lo trajo tu mujer, en agosto.

Me despedí con un beso. Y me manchó toda la cara.

EL HABA DEL ROSCÓN

La siguiente curiosidad científica te va a permitir presumir en la próxima reunión familiar que tengas alrededor de un roscón de Reyes, y también, por supuesto, comprender algunos procesos químicos que se dan en ciertos alimentos.

Dentro del roscón de Reyes nos encontramos tradicionalmente el haba; eso sí, siento decirte que no contabiliza como ración de legumbres —tampoco las doce uvas como ración de fruta—. Se siente.

Lo más llamativo de esta legumbre es que es de color marrón. ¿Por qué? Se debe a que ha sufrido un proceso llamado pardeamiento enzimático. Muchos vegetales tienen unas enzimas que, con la presencia de oxígeno, son capaces de transformar de manera progresiva algunos elementos que hay en los vegetales, lo que da lugar a un cambio de color. Es cuando se generan estas tonalidades tan típicas. Seguramente lo hayas visto en otros alimentos que se pardean fácilmente: las manzanas, las peras, los champiñones... Después de cortarlos y exponerlos a la presencia del oxígeno, estas enzimas comienzan a actuar y producen un compuesto que se llama melanoidina —sí, se parece bastante a la melanina de ese color tan moreno de la piel—. Al secar las legumbres y exponerlas igualmente durante tiempo al oxígeno, vemos este cambio de tonos marrones, muy presente, por ejemplo, en los famosos michirones murcianos —habas que han sufrido esta transformación química—. A esto se le conoce como reacción de oxidación.

El pardeamiento se puede prevenir. ¿Y cuáles son las dos técnicas tradicionales que se han usado en cocina? La primera, sumergir los alimentos en agua, como los champiñones o las patatas —al hacer la inmersión dejan de estar en contacto con el oxígeno del aire— y la segunda, usar sustancias antioxidantes que, como su propio nombre indica, evitan estas reacciones. De ahí que se emplee limón o perejil.

Como ves, siempre hay ciencia detrás de las reacciones más comunes en nuestra cocina.

PLUM CAKE DE NARANJA Y PASAS

PERSONAS
6-8

DIFICULTAD
BAJA

TIEMPO
45 MIN

REPOSADO
SÍ

HASTA QUE SE ENFRÍE

INGREDIENTES

110 g de harina	10 g de levadura
90 g de azúcar	30 ml de ron
90 g de mantequilla	2 naranjas
20 g de pasas	2 huevos

ELABORACIÓN

Pela las naranjas, intentando que no quede la parte blanca, y tritura las pieles con el azúcar.

Añade al azúcar aromático los huevos, la mantequilla en pomada, la levadura y parte de la carne de las naranjas. Vuelve a triturar hasta conseguir una mezcla homogénea. Incorpora poco a poco la harina y remueve con suavidad.

Rellena un molde engrasado y enharinado con la masa, y reparte por encima las pasas, previamente hidratadas con el ron. Hornea a 170°C durante 35-40 minutos. Luego, saca el plum cake, deja enfriar y trocea.

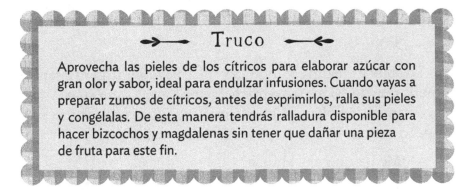

EL NARANJO QUE PLANTÓ MI ABUELO

En mi patio hay un naranjo según se sale de la casa a la izquierda. Hemos tenido más árboles: una higuera, el gran manzano, perales, ciruelos, granados, limoneros, un madroño, un níspero... Unos iban desapareciendo y otros ocupaban su lugar. En los pueblos, el árbol que no da fruto tiene los días contados. Todos menos el naranjo.

El naranjo nunca dio naranjas y el abuelo quiso quitarlo, pero la abuela se negaba porque fue el primer árbol que plantaron juntos en la casa. Muchos años más tarde recuerdo a mi padre con el hacha en la mano, pero la abuela seguía empeñada en conservarlo.

—Pero, mujer, si no da naranjas ¿para qué lo queremos?

—Para eso, para quererlo.

Como la casa era suya y tampoco pedía mucho más, mi padre acató el deseo de su suegra. El árbol se salvó una vez más.

Un año, de repente, nos sorprendió una flor. Más tarde apareció un fruto diminuto que, luego, empezó a crecer. Mi abuela lo miraba y remiraba todos los días. Pasó del verde al amarillo y del amarillo al anaranjado y ella seguía pendiente, obsesionada. Y un día dijo que se quería comer la naranja.

—Madre, si aún está verde.

—Da igual.

La abuela era muy tranquila y muy llevadera, ¡pero cuando tomaba una decisión o se empeñaba en algo...! Y era su naranja. La cortamos, la pelamos, la pusimos en sus manos artríticas y empezó a comerla. Poco a poco, muy despacio, sin repartir.

—¿Me da un gajo, abuela?

—No.

Se la comió entera, con gusto, sin hablar, sonriendo. Y ya no volvió a comer más; dos días después enfermó y al tercero entró en coma. No recuerdo cuánto tiempo estuvo en aquel estado, pero una mañana, de repente, despertó. Fuimos entrando para despedirnos y a cada uno nos dedicó una frase, un comentario, un consejo, un reproche y, cuando terminó con todos, releyó de memoria aquella carta que mi abuelo le dejó el día que se lo llevaron para siempre. Y se murió. En la habitación que estaba junto al naranjo.

Los médicos habían dicho que le quedaba muy poco y esta vez acertaron. Ella también estaba de acuerdo en morirse aquel día porque era 25 de enero, festividad de San Pablo. Mi abuelo se llamaba Pablo.

Desde entonces el árbol no ha parado de dar naranjas.

LA NARANJA,
EN LOS MESES FRÍOS

Si ahora te contase que la naranja y otros cítricos son ricos en vitamina C, no te estaría descubriendo nada nuevo porque son uno de los alimentos más conocidos por esta característica y se han promocionado muy bien durante años. Pero una de las particularidades que los hace realmente interesantes es que cuando los tomamos solemos incluir una ración de consumo bastante elevada, de al menos unos doscientos gramos, con lo cual la ingesta de esta vitamina y de otros antioxidantes es también importante.

Aunque podemos ver en muchas tablas de composición que hay alimentos con una cantidad todavía superior de vitamina C, como puede ser el perejil, hay que considerar que de este producto solo añadimos uno o dos gramos a las comidas.

Otra cuestión igual de destacada es la temporada de los cítricos, justo en invierno. Disponer durante esta época de una buena cantidad de naranjas nos permite mantener esta ingesta suficiente de vitamina C y, además, juega un papel fundamental en el correcto funcionamiento del sistema inmunitario.

Índice alfabético

Índice alfabético

NOTAS